BIOGRAPHI
WORLD NOBEL PR

诺贝尔奖获奖者传记丛书

IVO ANDRIĆ：A BIOGRAPHY

安德里奇传

天海蓝◎著

时代文艺出版社

授 奖 辞
Award-winning Remarks

在南斯拉夫，他一向被认为是一位地位崇高而又非凡的小说家。

——诺贝尔委员会

目 录
Contents

001 / 序言
Preface

001 / 第一章　青涩的民族主义者
Chapter 1 A Sentimental Nationalist

　　002 / 1.平淡的命运轨迹
　　　　Flat Course of Life

　　012 / 2.求学历程
　　　　Days of Study

　　011 / 3.光荣的流放
　　　　Glorious Exile

　　016 / 4.1917年后的生活
　　　　Life after 1917

021 / 第二章　外交部
Chapter 2 Ministry of Foreign Affairs

　　022 / 1.来自罗马的信
　　　　A Letter from Rome

　　025 / 2.三地任职
　　　　Served in Three Places

　　032 / 3.驻马赛领事
　　　　Consul in Marseille

　　036 / 4.工作在马德里
　　　　Work in Madrid

　　039 / 5.六年零两个月的国内生活
　　　　The Domestic Life of Six Years and Two Months

045 / 第三章　战争前奏
Chapter 3 Prelude to War

　　046 / 1.柏林记
　　Berlin

　　055 / 2.德国人来了
　　German Troops are Coming

059 / 第四章　巅峰之作"三部曲"
Chapter 4 "Trilogy" the Pinnacle

　　060 / 1.隐居生活
　　Seclusion

　　063 / 2.创作《德里纳河上的桥》（上）
　　Visegrad's Bridge on the Drina (Volume A)

　　068 / 3.创作《德里纳河上的桥》（下）
　　Visegrad's Bridge on the Drina (Volume B)

　　072 / 4.三国会之《特拉夫尼克纪事》（上）
　　Travnik Notes (Volume A)

　　077 / 5.三国会之《特拉夫尼克纪事》（下）
　　Travnik Notes (Volume B)

　　087 / 6.非历史小说《萨拉热窝女人》
　　A Non-historical Novel Sarajevo Woman

　　091 / 7.反法西斯的胜利
　　The Victory of Anti-fascist

099 / 第五章　平静的生活
Chapter 5 Quiet Life

　　100 / 1.首次到访土耳其
　　First Came to Turkey

　　103 / 2.超短的长篇小说《罪恶的庭院》
　　Garden of Evil

　　106 / 3.与中国的友谊
　　Friendship with Chinese

　　110 / 4.鲁迅逝世20周年祭
　　The 20 Anniversary of the Death of Lu Xun

　　113 / 5.花甲新郎安德里奇先生
　　Mr. Andric, the 60-year-old Groom

121 / 第六章　获得诺贝尔文学奖
Chapter 6 Win the Nobel Prize for Literature

122 / 1.安德里奇的婚后生活
Andric's Married Life

127 / 2.喜讯传到了贝尔格莱德
News Reached Belgrade

132 / 3.斯德哥尔摩领奖
Stockholm to Accept the Award

139 / 4.领奖归来
Return

144 / 5.安德里奇的小说与艺术观
Andric's Novel and Art Concept

153 / 第七章　生命的终章
Chapter 7 The Last Period of Life

154 / 1.病魔来袭
Serious Illness

158 / 2.80岁生日
80-year-old's Birthday

164 / 3.葬礼
Funeral

171 / 附录
Appendix

172 / 安德里奇生平
The Life of Pearl S. Buck

174 / 获奖辞
TSpeech on Prize-giving Ceremony

180 / 获奖时代背景
Award-winning Background

182 / 安德里奇年表
Ivo Andric's Life

196 / 获奖当年世界大事记
Albert Einstein Chronology

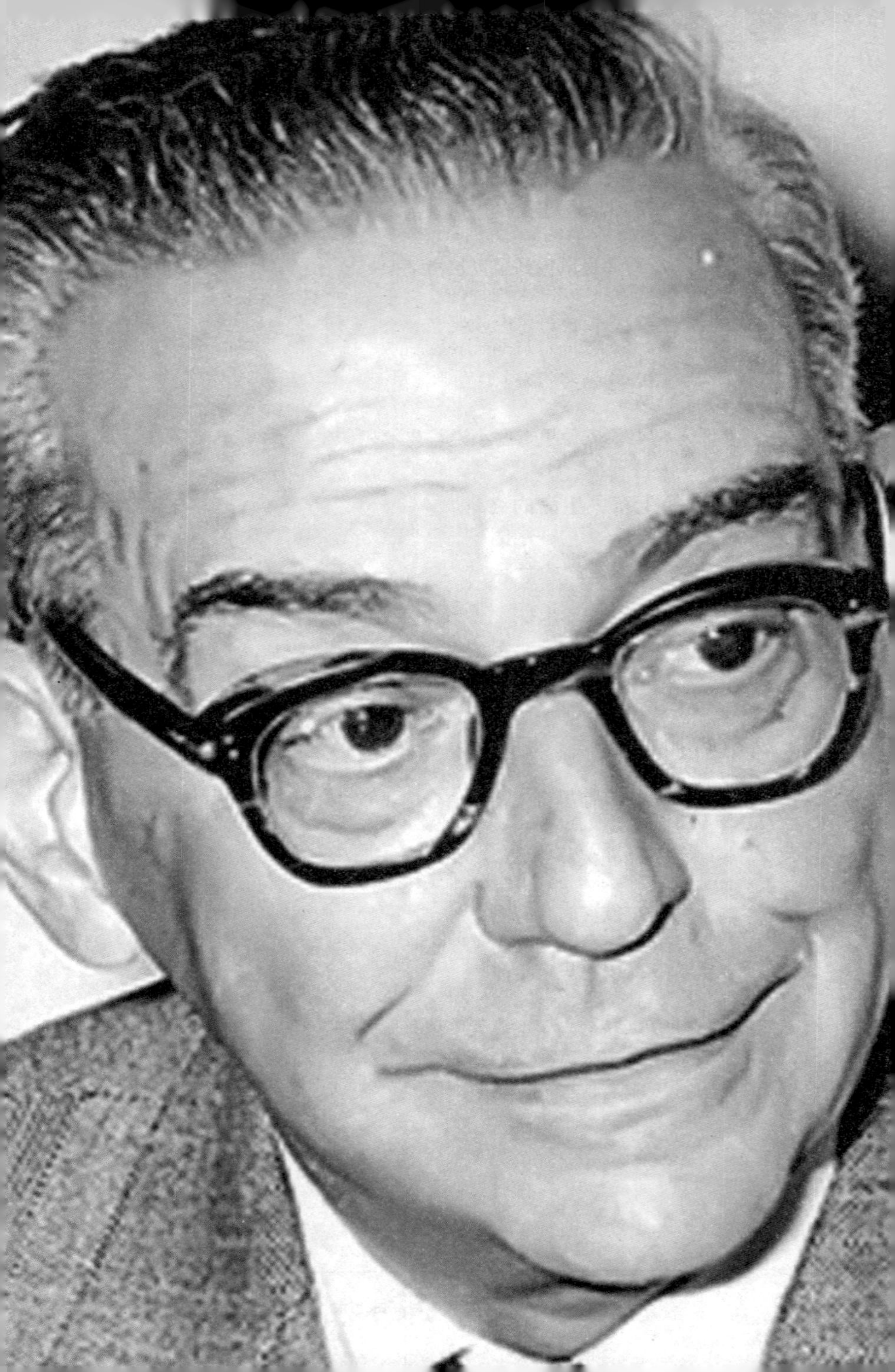

我终于写下了一些久久不敢说出的话。脑袋隐隐作痛，身躯奇异地发麻。遥远的号角沉寂下来，心中仍是一个谜团，一片片轻盈的冬雪，歇在棒球游戏场上。最后的树叶瑟瑟作响！最后的思绪令人苦闷！我再也不愿打扰那些理应快活的人们。我谅解那鲜红的嘴唇。

——伊沃·安德里奇

很难想象，伊沃·安德里奇，一个有着作为一个南斯拉夫人所共有的坚韧的民族性格的文学家、哲学家，一个广受外界赞誉的民族独立战士也能写出这带着一丝忧伤、彷徨的诗句。这或许就是安德里奇——一个性格坚强与忧郁统一的人。

他的作品为我们铺开了在这400年历史长河中南斯拉夫人不懈奋斗的雄伟画卷的同时，也融入了自身对历史发展

序　言
IVO　一束艳丽的玫瑰

ANDRIĆ

及人性的反思，希望用理性来驱散人性中的阴霾，通过悲壮的描写风格来表达自己期待人性和解、愿世界充满爱的博大胸怀和本民族坚韧顽强不屈不挠的民族精神。

在他的代表作"波斯尼亚三部曲"之一的《德里纳河上的桥》中，一座由奥斯曼帝国统治者修建的沾满了波斯尼亚人血泪的大桥与三个小人物的命运联系在一起。反抗奥斯曼帝国统治者修桥而被施以桩刑的乡民拉迪斯拉夫；在奥匈帝国统治的夹缝中生存着的，精明强悍、深谋远虑却难逃破产命运的犹太女商人罗蒂卡；在革命星火已成燎原之势时同代表伊斯兰古老文化的大桥同归于尽、受人尊敬的阿里霍扎。

安德里奇的小说善于借小人物的命运反映大的历史事实。在《德里纳河上的桥》中，这三个小人物的命运与奥斯曼帝国野蛮血腥的封建统治到奥匈帝国的变相掠夺，再到第一次世界大战结束后自由曙光的来临，这一历史主线紧密地结合起来。他通过意识流的描写手法在为我们还原这段历史的同时，也使得我们不禁为故事中主人公及他们看似不同却又有些相似的命运嗟叹不已。

《萨拉热窝女人》完成时间略晚于《德里纳河上的桥》。在这部外界知之甚少的小说中，作者通过描写拉伊卡·拉达科维奇所遭受的不公平的待遇来表现作者对本民族遭受的苦难和不公正待遇的同情及希望改变这一现状的强烈愿望。

"三部曲"中的《特拉夫尼克纪事》则是借由拿破仑帝国在特拉夫尼克设立领事馆时期与欧洲三大强国间的利益纠

葛，在小说中虽然描述的是苏丹统治的瓦解和法国大革命的兴衰成败，但事实上却是作者从另一个侧面对本民族历史演变过程的解读和反思。

1954年创作的《罪恶的庭院》则是作者的一部重要作品。它虽然是一部以历史题材为主题创作的小说，但却是通过对人物的描写来揭示专政对人性的泯灭和摧残。

在另一部中篇小说里，通过一位年轻医师，追忆了二十年代他住在波斯尼亚时的感受，书中压抑场景的描写借以表现作者内心对民族苦难的痛惜。

阴森森的土耳其式的十一点——根据那个遥远国度特异的时间区分法而订出来的十一点。犹太人没有钟可以用来敲声报时。只有上帝才知道他们现在是什么时间。只有上帝才知道西班牙犹太人和德国犹太人日历上所指示的究竟是什么数目。就这样，甚至于在深夜，当每一个人都在沉睡时，这个世界还是分割的。人为了要计算夜里的时刻而将它分割了。

伊沃·安德里奇的内心是宁静和安谧的，这是一种从磨炼中获得，又经过深刻省察的宁静与安谧。在思索整个问题时，他始终抱着一种客观而又富人情味的态度。虽然饱经苦难，但没有忘记对博爱理想的追求。

  爱是恒久忍耐，又有恩慈；爱是不嫉妒，爱是不自夸，不张狂，不做害羞的事，不求自己的益处，不轻易发怒，不计算人的恶，不喜欢不义，只喜欢真理；凡事包容，凡事相信，凡事盼望，凡事忍耐；爱是永不止息。

    ——《新约·哥林多前书》第13章

1975年3月13日,伊沃·安德里奇在贝尔格莱德与世长辞,他为我们留下了除"波斯尼亚三部曲"以外的包括散文集《黑海之滨》、《动乱》,中篇小说《大臣的象》、《罪恶的庭院》等在内的10余部小说和散文集。

　　虽然,我们无法回答他关于在苦难与压迫下,一个民族怎样在重重困难下挺直自己不屈的脊梁,如何在欲火重生后以宽广的胸襟来面对新生的世界,不迷失自己的本性而再度走上自我毁灭的道路。但是,伊沃·安德里奇作为近现代史上对哲学、历史学、文学广有涉猎作出不朽贡献的人,我们有理由为他献上赞美之词,即使他已离我们远去长达36年之久,但是他为我们留下的宝贵财富却值得所有后人铭记。

Chapter 1
第一章　青涩的民族主义者

1. 平淡的人生轨迹

> 不过每个人不一定如愿以偿，而且即使想到了，也不见得有实践它的决心和力量。
>
> ——《德里纳河上的桥》

1892年10月9日，在特拉夫尼克（今属波黑管辖）附近的一个名叫多拉次的村镇的普通家庭里，诞生了一个男孩儿，他的父亲为他取名伊沃·安德里奇，在塞尔维亚语里，伊沃的另一个意思是飞翔。这或许预示着这个在当时看起来很平凡的少年在将来会成为一个举世瞩目的伟大人物。

和在那个偏远山村的许多家庭一样，家里有少量的土地。安德里奇的父亲安东·安德里奇出生于萨拉热窝平原，是制作咖啡磨的石匠，手艺相当不错，人们尊称他为"咖啡磨师傅"。

安德里奇的母亲卡塔丽娜是远近闻名的美人，据当时熟识的老人的回忆："卡塔丽娜是个非常漂亮的女人，秀长的头发几乎耷拉到膝盖。"安德里奇的家庭生活勉强维持温饱，家里有一些土地和一辆破旧的牛车，他们养不起马，一头或者几头牛外加几只山羊就几乎构成了这个家庭的全部财产。

然而天有不测风云，人有旦夕祸福。两年后的1894年，死神塔纳多斯光顾了这个平凡的家庭并带走了安德里奇的父亲。丧钟的声音被敲响在多拉茨的上空。失去父亲的家庭生活境况如何可想而知，为了改变家庭的生活状况，伊沃的母亲带着他来到了临近的维舍格勒，投奔他的姑母安娜。

安德里奇的姑父玛特科夫塞齐克在奥匈帝国当局控制下的宪兵队供职，经济收入相对比较可观。母亲卡塔丽娜在萨拉热窝一家纺织工厂做工，只要有时间就会回维舍格勒看望儿子。因此，安德里奇虽然幼年丧父，但母亲、姑母和姑父的疼爱，仍然使他充分地享受到了人间的温暖和亲情的幸福，尤其是姑母无微不至的照顾和极其严格的要求，更使他获得了良好的家教。

安德里奇的姑父、姑母没有儿女，所以他们把父母对孩子的爱都倾注到安德里奇的身上。安德里奇的姑姑安娜是个善良的波兰女人。当时，安德里奇姑妈家的邻居阿依库娜老人在叙述安德里奇在维舍格勒的幼年生活时这样说道："在安娜家里，伊沃简直成了小王子，在他的房间里，一年四季都摆满了鲜花，一到春天，满屋香气扑鼻，玫瑰香味更是令人神清气爽。除伊沃一人外，其他人都不得随便走进屋里，因为姑母安娜有令，要充分满足伊沃有一个宁静环境的愿望。在这间不算太大但很清洁、整齐、弥漫花香的屋子里，小伊沃独自一人读书、写字……"

伊沃在维舍格勒读小学时，他的母亲卡塔丽娜在萨拉热窝地毯厂当织毯工人。1903年,伊沃小学毕业后,因学业优良获得了一年200克朗的奖学金。有了这笔钱,安德里奇来到了萨拉热窝,在母亲身边继续读中学。他在致克罗德·阿乌林的信中写道:"我是在不平静的电闪疾驰的年代里(1904——1912),作为一个清贫的寡妇的独生子,在萨拉热窝读完中学的。我想,孩提年代的任何危机都吝啬地未能把我放过……"

萨拉热窝这座山清水秀、风景如画的山城在奥斯曼土耳其4个多世纪野蛮、残酷的践踏下,经受了多少苦难!到了19世纪末20世纪初,奥匈帝国在带给这座城市先进和现代化的同时,使用武力占领了她,取代了土耳其中世纪的野蛮统治。然而,如同整个波斯尼亚和塞尔维亚一样,葱绿而俊秀的萨拉热窝,依然还在奥匈帝国的统治下呻吟和痛哭。

在求学期间,波斯尼亚正值奥匈帝国的高压统治下,波斯尼亚境内有相当多的民族主义者认为:奥匈帝国从未赋予他们以平等的地位;所有的南斯拉夫应建立自己的独立国家。具体地说,这意味着:奥匈帝国居民中的一种成分,即克罗地亚和斯洛文尼亚的民族主义者,他们都希望摆脱帝国的统治并且越过边界与塞尔维亚联合在一起。塞尔维亚变成了南斯拉夫的宣传中心。受这些思想的影响,安德里奇在学校毕业后加入了"青年波斯尼亚",一个被当时奥匈帝国统治者定义为"叛逆者"的激进民族组织。在此期间,认识了好友加夫里洛·普林西普。

1878年波斯尼亚和黑塞哥维纳成为了奥匈帝国的领地。1908年被奥匈帝国占领。就像安德里奇在小说《德里纳河上的桥》中对女老板罗蒂卡所描写的那样："酒馆的生意虽然不错，可是全部的进项也弥补不了股票普遍下跌给她带来的损失。过度的悲伤使她积劳成疾……她痛苦万分，几乎像疯了一样。"

有压迫的地方就不会缺乏反抗的火焰，只是安德里奇没有发现，这次反抗的火焰给他带来的除了以后文学道路上的涅槃重生外还有长达近5年之久的刑罚，我们称之为："光荣的流放。"

2. 求学历程

> 青春的岁月像条河，岁月的河啊，汇成歌。一支深情的歌，一支拨动着人们心弦的歌，一支难以忘怀的歌，幸福和欢乐，希望和理想是那么多。
>
> ——《南斯拉夫民谣》

1912年6月，安德里奇攻克了一般文学创作者的难题——数学后，顺利地在萨拉热窝中学毕业，同时"进步协会"给了他600克朗的奖学金。同年9月，他抵达克罗地亚首都萨格勒布，进入弗拉尼耶·姚希普一世国立大学攻读哲学。

安德里奇年少成名，在高中时就发表了许多的爱国散文，具有民族主义思想的安德里奇进入大学后自然而然地受到了志同道合的同学们和老师们的重视和欢迎，他的好朋友科莱希米尔·科瓦契奇在回忆这段往事的时候这样写道："伊沃受到全体民族主义青年充满好感的欢迎。他瘦弱苍白，像大姑娘般温柔，和蔼可亲，思想敏捷，感情细腻……"现在的萨格勒布卡契奇大街21号有一栋充满了伊斯兰风情的公寓，其中有一间屋子正是安德里奇在求学阶段租赁的宿舍。

和这时候大多数的大学生一样，安德里奇除了在教室和图书馆学习外，在闲暇的时间里，也有一些放松和交际的活动安排。位于伊里查和弗兰科班两条街的角落里的"巴乌埃尔"咖啡馆，正是安德里奇经常前往的一处休闲场所。在这里经常有各种演讲者、诗人、评论家，他们在这里相互演讲和辩论。其中比较出名的一位名叫安东·古斯塔夫·玛道斯。安德里奇同这位能言善辩、口若悬河的文学名家结识为友，深得他的教诲。

在读书期间，安德里奇经常参加旨在反对楚瓦依巴昂专制制度的游行示威，当然了，也经常探视战友或者被别人探视。安德里奇在这段时间中慢慢地积累出了属于自己的独特气质，他的好友们曾经打包票说他会成为一名伟大的外交官，后来果然被他们言中。

第二学期之后，安德里奇的住处由萨格勒布卡契奇大街

21号搬到麦都里奇街16号。此处距离学校较近，每天可节省不少时间用在学习上，这对喜欢读书但有些慵懒的安德里奇来说，可以说是件不错的事情。萨格勒布的老城区，有着伊斯兰风格与哥特风格相互糅合的独特气质。建筑在高处的那一街区风光独秀，一块块紫红色、乳白色、浅灰色的长条硬石，错落有致地铺设在起伏不平的山坡路上，老远望去，仿佛一大张一大张做工精湛的花地毯展现在你的面前。那悬挂着五颜六色和千姿百态的针织品、铜器、木碗、木盘的无数家小店，更能让你畅想起这座历史悠久的城市曾拥有过的震惊欧洲的文明。蜿蜒盘旋的小路两侧，展现出种种奇异的风光景色，会使萨拉热窝人的心里顿时萌生出几丝思乡愁绪。站在高处向远处眺望，那宽阔整齐的大街，鳞次栉比的具有巴乐歌建筑风格的高楼，样式繁多、穿梭来往的汽车，市中心高大的教堂前面遮天盖地的灰鸽，更能使人感叹城市设计者的神来之笔。

"恰同学少年，风华正茂，书生意气"，用这几句词来形容这时的安德里奇，再合适不过了。而他在这里自然而然地张开了想象的翅膀，无限地将自己无尽的思索向天空、向四周延伸。在萨格勒布城市内的高地散步是年轻的安德里奇的最爱，在心里描摹着农民出身的皇帝玛蒂耶·古巴兹的悲惨命运和谢诺阿领导的农民起义中的各色人物，是他一边散步一边做的功课。在闻名的戈里奇街的高侬梅拉茨家里做客，也是他经常的活动之一，屋主人法尼卡大姐满怀激情地坐在钢琴旁边，熟练地弹奏肖邦练习曲并指导他弹钢琴的情景也成为了他一段难以磨灭的回忆。

安德里奇在萨格勒布只学习了两个学期。1913年10月，安德里奇来到了奥地利首都维也纳，这时的他在维也纳大学哲学学院主攻斯拉夫学和历史学。莱塞塔尔和伊莱切克两位教授的讲课深入浅出，这使他在学习过程中感觉到很舒心惬意。但是，维也纳阴愁多雾的冬季，使他本就有些脆弱的肺部和咽喉感到越发难以忍受。寒假来临了，但是这个冬天，他的喉咙和上呼吸道一直有严重的发炎症状，所以他不得不在奥斯卡·亚历山大医生那里做了一次小型外科手术。在身体好转之后，1914年3月，安德里奇回到维也纳。

半个月后的3月17日，著名诗人玛道斯逝世。在克罗地亚大学生俱乐部"和平之钟"举行的追悼会上，年轻的安德里奇心情十分沉重，他这样写道："整个克罗地亚在丑恶地打着呼噜，只有诗人和恐怖主义者是清醒的。"这一悼词，被他的朋友乌拉迪米尔·契里纳发表在1914年第5期《大雷雨》上，在学术中曾产生过不小的震动。在此前后，安德里奇曾与《克罗地亚之词》、《克罗地亚运动》、《现代人》等报刊建立过联系，发表了一些很有棱角的评论文章和诗作，非常令人注目。在克罗地亚文学家协会出版的《克罗地亚青年抒情诗选》上选载了安德里奇的6首诗，编者在撰写的作者介绍中，对安德里奇及其诗歌作品作了这样的评价：

> 他是一个最奇特的人：没有丝毫的土耳其人的遗传痕迹。温文尔雅，肤色白皙，散发着一种柔弱的淡淡的

心灵的香味：就像那些白白的鲜花那样，散发着女性的热烈的梦中才有的甜甜的哀愁。他没有更多的精力写长文章。文章很短，犹如过眼的冒险的爱情。他是一个没有庄园、没有侍从和公主的王子。冬季里，呼吸着餐馆里的气息，为的是春季里用吸进峥嵘茂盛的草地里的新鲜空气医治身体。像所有的艺术家一样的不幸，有很强的自尊心，非常富有感情。简言之，很有前途。

1914年，安德里奇转学去了波兰的克拉科夫雅盖沃大学，继续读第四学期。克拉科夫是波兰的历史名城，这座城市除了是著名的甲级球会FC-Kraków队的所在地之外还拥有著名的学府，建立在这里的雅盖沃大学，始建于1304年，是欧洲最古老的大学之一。安德里奇依然在这里攻读斯拉夫学专业。他以极大的热情和钻研精神，学习了密茨凯维奇、热罗姆斯基等一系列波兰作家的作品。另外，还把克拉尼契维奇的《诗选》作为永久性的读物，经常阅读，反复研究。

安德里奇博学多艺，对绘画、雕塑很有研究，写了不少见解深邃的美术论文和评论，这与他在大学期间，尤其与克拉科夫的南斯拉夫美术家的交往有密切关系。当时，安德里奇住在波内罗夫斯基大街12号，连续地聆听了尊贵的文学史家玛里扬·日杰霍夫斯基的《南斯拉夫文学》。后来，还对斯戴凡·巴乌里斯基等著名教授的课程产生了浓厚的兴趣并经常聆听。安德里奇有很强的求知欲，但是，身体的孱弱使他对波兰生活感到有些兴趣索然。

安德里奇青年时代尽管健康情况不佳，在心中产生过忧郁和颓丧，但是，憧憬和向往、希望和理想还是他青春岁月的主旋律，安德里奇在老年回忆这段生活时这样写道："克拉科夫给我留下了最深刻的、不可磨灭的印象。那极其美妙的、千万人开口讲话的往事，这座城市特有的幽静，雅盖沃大学那些我听过课的勤奋的教授……这一切是那么清晰，可是，即使在梦中我也没见到，我将看到用波兰文出版的自己的著作。"

在雅盖沃大学600周年校庆的文章中，安德里奇写道："在漫长的生涯中，我看到过很多东西，其中学会了一点，太多的东西忘掉了。然而，在雅盖沃大学读书时青春的起步，自己同波兰人民以及波兰文化短暂的接触，却作为青春的经历藏于心中……"

安德里奇在到达波兰的半年后，1914年6月28日圣维多夫节的当天，"青年波斯尼亚"组织中的一批中学生和工人组织杀手暗杀了奥匈帝国的王子斐迪南。开枪者就是安德里奇的好友加夫里洛·普林齐普。远在波兰的安德里奇在得知这个消息后，深知自己的斗争岗位应该是在南斯拉夫，于是很快地收拾好了行囊，离开波兰启程回国。

3. 光荣的流放

> 不知不觉到了动乱的1908年，这些动乱使贝尔格莱德，特别是青年学生的心久久不能平静下来。
>
> ——《泽科》

19世纪末，巴尔干半岛因为其重要的地理位置，被当时欧洲称之为"火药桶"。土耳其海峡位于巴尔干半岛与小亚细亚半岛之间，对于俄国来说，土耳其海峡是俄国南部重要的生命线，控制巴尔干半岛对于俄国来说是至关重要的。北部的奥匈帝国日益衰败，面对北方的德国、西边的法国、东面的俄国，奥匈帝国的发展只能往南方，将巴尔干半岛作为自己的势力范围。

20世纪初，日渐猖狂的奥匈帝国，加强了对巴尔干半岛的统治。1908年10月，奥匈帝国的政客和军人们撕破了脸皮，他们悍然违反《柏林条约》，宣布吞并波斯尼亚和黑塞哥维那。不甘心做异族侵略者的奴隶的热血青年，纷纷行动起来，为寻求民族的自由与解放而斗争。

1914年6月28日，奥匈帝国王储斐迪南夫妇在波斯尼亚首府萨拉热窝城郊检阅军事演习之后，乘敞篷汽车，进市区巡视。埋伏在路旁人群中的民族主义者查卜林诺维奇突然向斐迪南投掷一枚炸弹。炸弹落到后随汽车上，炸死一名军官和几名群众。查卜林诺维奇被捕，斐迪南示意"继续前进"。到市政厅出席了欢迎仪式，稍作休息之后，又乘车上街，招摇过市。当汽车途经一拐角处时，17岁的中学生加·普林西波冲上前去用枪打死斐迪南夫妇。震惊当时世界的"萨拉热窝事件"发生了。

"这是何等的好啊！我预感到伟大的事业就要开始了。勇敢的热血在沸腾，在燃烧。"安德里奇在得知这个消息时兴奋地呼喊道。

在动荡不安、混乱难辨的时刻，安德里奇预感到暴风雨就在眼前。他接受了朋友契里纳的建议和邀请，在"萨拉热窝事件"爆发后到住在斯普里特的契里纳的父母那里去。按

照契里纳的建议，安德里奇乘"维舍格勒"号轮船抵达斯普里特。考虑到自己的住处是在警察监控之下的危险情况，安德里奇晚上的时候便到法兰西海岸散步，回到"杜布洛夫尼克咖啡馆"喝咖啡。在奥匈帝国即将兵犯塞尔维亚的困难日子，安德里奇曾作过这样的描述："我只与他们两个人彼此来往，他们的地址是在萨格勒布给我的，我与他们见面不多，而且是悄悄进行的……警察密探在住处附近徘徊，夜里等我落网……"

由于身体长时间营养不良，安德里奇得了"枯瘦病"。这位怀着民族自由梦想的青年似乎感觉到自己距离奥匈帝国的牢房大门越来越近。在这期间，他在日记中用散文的笔法描绘了斯普里特那激动人心的夜景。"在那里，海滨和咖啡馆，到处都挤满了人，愉快的音乐声轻轻荡漾，轮船的汽笛都按时地发出响声……"

然而在1914年7月27日夜里，斯普利特当地的宪兵和警察倾巢出动，四处抓捕形迹可疑的人，按照当时的官方解释是在这天集中抓捕小偷、强盗和诈骗犯。第二天，也就是7月28日，在奥匈帝国用一份再平常不过的电报宣布向塞尔维亚宣战这一石破天惊的消息，使战争升级为世界战争的时候，安德里奇在斯普里特海边的一个咖啡馆里被奥匈帝国的宪兵逮捕了。

1915年春天，一位个子不太高大、满脸病容而且消瘦的青年来到了奥乌恰莱沃，与他一同来到当地的除了负责监视他的狱警以外，还有就是他的随身行李和一些生活的必需品，当然，还有通过贿赂警察而被准许携带的书籍。这个青年就是因为萨拉热窝事件受牵连而被捕的伊沃·安德里奇。

奥乌恰莱沃坐落于今波黑的西北部，境内丘陵和山地广泛分布，可用于农业生产的土地很少，当地人生活十分困难。几十年后的今天很多人来此游览，缅怀逝去的文学大师，而在1915年时，我们所怀念的伟大的作家正在这里忍受着流放所赐予的艰苦的生活条件和越来越瘦弱不堪的身体。但是，流放的生活也不完全充满了苦涩，在流放期间，安德里奇结识了博学的圣芳济派修士阿罗依吉叶·百尔契尼奇。这位圣芳济派修士带他到古齐山上游览观光。在那里，他专心地聆听了一些天主教故事，翻阅了修道院图书中的文献纪实。安德里奇很感激这一宗教组织及其为自己提供的研究问题的机会。他考察并记录了天主教在波斯尼亚的历史，这为他后来创作关于天主教僧人彼得（《杯子》、《萨茂沙林可汗的笑话》、《躯干》、《在磨坊里》、《罪恶的牢院》）和马尔可（《在客栈》、《在锅炉房》、《讲故事》、《在监狱里》）的系列小说，奠定了坚实的基础。

在流放的这几年里，安德里奇似乎重新回到了小时候在多拉茨村的贫穷生活，但是与少年时代不同的是，这里的人们除了穷困的生活还要忍受奥匈帝国统治阶级的压迫，这次的流放生活让他进一步产生了改变民族命运的理想。

流放的过程是一段令人难以忘记、刻骨铭心的经历，但是这也是一个自我锤炼和涅槃的过程，这个经历更加坚定了安德里奇的理想和奋斗的目标，在他的散文《小诗七章》中这样写道：

> 对自己伟大的抱负没有实现应无所羞愧。曾经有过这样的抱负本身就足以抵消失望的代价，不管这个代价有多大。
>
> 没有痛苦，那不是生活，不会消失的，便不是幸福。
>
> 我们生活于其中的这个世界的逻辑是：谁害怕，谁就无异于死去。
>
> 不，我从不会让冷漠支配自己，即使在患病和失望时，我也不曾冷漠过。冷漠是死亡时的一种丑态，我反感。
>
> 当伟大真挚的爱情教会善良的弱者在变故、不幸、病痛、离别以及生和死的面前无所畏惧时，才显示他拥有的全部力量。

安德里奇没有走上第一次世界大战的战场，站在战壕里英勇地反击敢于侵犯南斯拉夫民族权利、践踏波斯尼亚领土的外来侵略者。这也许是他的不幸，然而安德里奇又是幸运的，如果他果断地走上了一战的战场，或许到了今天，我们会仅仅记住伟大的军事家安德里奇而错过了一个站在诺贝尔领奖台上为我们书写历史画卷的伟大作家伊沃·安德里奇。

Chapter 1　第一章　青涩的民族主义者

4. 1917年后的生活

> 文明的进步,乃是通过增加我们毋须考虑便能运作的重大活动的数量来实现的。思想活动一如战争中骑兵之冲锋:这种冲锋在数量上受着严格的限制,因为它们需要有新马匹予以补充,所以它们只能在最为关键的时刻发起。
>
> ——怀特海

时间回转到1917年11月,安德里奇离开了流放地,回到了萨拉热窝。在第二年的春天,也就是1918年,安德里奇在家乡创办了自己的文学刊物《南方之声》,这是一份反南斯拉夫本民族声音的文学刊物,安德里奇自任主编,负责日常工作。并与期刊《克罗地亚大地》联合共同发表散文和诗歌。

在文章的创作中结合自己流放生涯的所见所闻,安德里奇发现:在当时的年代自由理想激发起了近现代文学的发展,而自由理想的小部分实现的结果,也使得当代西方文明取得了不小的成就。但是对这个自由理想所作的有效的重述,却是发生在很早以前的事情了。如德国俾斯麦的铁血统治被认为是日耳曼民族主义的兴起,而法国的启蒙思想与大革命就是自由主义左派对新社会制度的有益探索。

在整个人类历史中，演说家和诗人都极力赞颂自由，但却没有一位演说家或诗人告知我们自由为何如此重要。我们对于此类问题的态度，当取决于我们视文明为僵固之物，还是视文明为日渐发展之物……在一个日益发展的社会中，任何对于自由的限制，都将减少人们可以尝试之事的数量，从而亦会降低进步的速度。换言之，在这样一个日益发展的社会中，行动的自由之所以被赋予个人，并不是因为自由可以给予个人以求更大的满足，而是因为如果他被允许按其自己的方式行事，那么一般来讲，他将比他按照我们所知的任何命令方式去行事，能更好地服务于他人。

——菲利普斯

事实上，在这段时间中，安德里奇所作的努力，主要在于寻求各种实现民族独立与振兴的方案，而不是力图改善或增进他们对外民族各种统治方式或民族分化政策的理解或善意的接受。

当人们说到一个民族欲求"摆脱"外国的枷锁并力图决定其自身命运的时候，这显然是人们将自由概念适用于集体而非适用于个人的结果，因为在这一境况中，当时的人们是在作为一个整体的民族不受强制的意义上使用"自由"这一术语的。一般而言，个人自由的倡导者都同情民族自由

（nationalfreedom）的诉求者，而且也正是这种同情，导致19世纪的自由运动与民族运动之间形成了持续的联合，虽说当时的联合有些勉强。

而这种同情所勉强形成的联合体也可以被认为是巴尔干半岛的统治者由拜占庭帝国、奥斯曼帝国、奥匈帝国依次统治而本地势力几乎没有成为统治阶级的原因所在。

安德里奇认识到南斯拉夫民众在民族主义复兴道路上所取得的成就。然而需要强调指出的是，尽管他仅仅把自己视为一名普通的刊物编辑，但安德里奇日益深切地体会到，对这个时代诸多迫切的社会问题的回答，最终须取决于对一些基本原则的认识，而这些原则实际超出了任何其他专门学科的范围。尽管安德里奇最初所关注的仍是民生方面的问题，但他渐渐地被导向去承担一项雄心勃勃但也可能极为冒险的使命，即通过对自由哲学之基本原则的综合性重述来解决这些问题。

这些问题可以被概括为：自由与民族的价值。

1917年在俄国爆发了社会主义革命，苏维埃俄国走上了历史的前台，摆在他面前的路口由两个变成了三个：社会主义、保守主义、自由主义。

在安德里奇看来，符合当时主流认知的观点是将三方的不同立场置于一条水平线上加以理解：社会主义在左端，保守主义在右端，而自由主义则在中间的某个位置上。虽然在后来这种意识形态的划分方式是不规范的，但是这并不妨碍安德里奇在当代世界文学史上所扮演的重要角色。

1918年，塞尔维亚、克罗地亚和斯洛文尼亚成立了"塞尔维亚人、克罗地亚人和斯洛文尼亚人王国"，1919年的《凡尔赛和约》承认并确定了该王国的主权和边界，这个君主立宪制的王国在历史上被称为"第一南斯拉夫"。1929年王国改名为南斯拉夫王国。对此，安德里奇这样写道："我们你看看我，我看看你，脸上泛起幸福的白光，彼此相问：这是真的吗？这是我们吗？"

1918年年底，安德里奇在"塞尔维亚人、克罗地亚人和斯洛文尼亚人王国"的人民议会组织和宣传部门里得到了一份工作。在前南斯拉夫的国家档案里存有确凿的档案资料，证明第一次世界大战之后，安德里奇担任过拯救波斯尼亚饥饿儿童委员会的理事。

国家行政机关一般并不适合文人供职，安德里奇也不例外。虽然一开始他工作劲头也蛮大的，可是，没过太久他就有些心灰意冷了。1919年年初，借斯列普切维奇的《纪念加齐诺维奇掌权者》一书出版之际，安德里奇在《文学的南方》上写道：

> 当我想到那些咖啡店和沙龙里的艺术家与政治家的荣誉的时候，与此同时，当我又想起那些伟大的、无人知晓的战士的平平常常、永远被遗忘的英雄业绩的时候，我就感到无地自容，想寻找一个角落，在那里一切好事与坏事都用另外一种正确的尺度来衡量。在对真理的渴望中，我常常想起那目光严厉、左手拿着大秤，右

Chapter 1　第一章　青涩的民族主义者

手拿着利剑的安琪儿孩童时的画像。

在1919年9月,对行政工作有些厌倦的安德里奇接到了著名作家阿拉乌波维奇的邀请,到贝尔格莱德后,他在宗教部找到了一个三等秘书的职务,这令他十分高兴。对于阿拉乌波维奇的这次帮助,安德里奇是非常感激的,并给他写信说:"我很愉快,找到了一份具体的、很有意义的工作。这一工作与新闻——文学集团相距很远……这里的生活是维持不下去的,我应当到贝尔格莱德去,怎么会这样呢!"

Chapter 2

IVO 第二章　外交部

1. 罗马来信

> 当我到这里、那里旅行时,路呀,我厌倦你了;但是现在,当你引导我到各处去时我便爱上你,却与你结婚了。
>
> ——泰戈尔《飞鸟集》

安德里奇在宗教部干了没多长时间,1920年3月,受南斯拉夫王国委派,他前往南斯拉夫王国驻梵蒂冈大使馆任职。当时的大使陆约·巴科蒂奇对安德里奇的欣赏由来已久,这位大使除了精通语言翻译外还对法学研究广有涉猎,他曾经将古希伯来语版本的《圣经》翻译成为塞尔维亚语版本,当时的名著如《在达尔马蒂亚的塞尔维亚》、《达尔马蒂亚问题》、《塞尔维亚——克罗地亚文学语言词典》都是出自这位大使先生的手笔。这里还有一位安德里奇的老相识,在马里波尔监狱认识的诗人阿尼奇。

或许是由于民族的特质,整个南斯拉夫民族似乎有一些腼腆和害羞,以至于他们驻外使馆的工作人员一般都少得可怜。而在当时,在驻梵蒂冈的使馆里,安德里奇除了认识大使巴科蒂奇和秘书阿尼奇以外就再也没有熟悉的人了,在他回忆这段生活时很坦诚地表示自己曾感觉大使馆只有3个人。在当时没有互联网和电子媒体，独自在国外的生活是相当乏味的，这也迫使安德里奇经常到博物馆、纪念馆里去消磨时间。然而这段时间却给了他博览群书、广开视野、全面而深入地了解古老的亚平宁半岛闻名的进程。

包围了整个梵蒂冈的罗马城，安静而美丽，这给了年轻的求知欲旺盛的安德里奇十分难忘的印象。1920年4月，他在给著名作家杜高米尔·阿拉乌波维奇的信中是这样叙述这段生活的："拖着软弱的身体，带着经济负担，我来到了这里，为此我几个月来窥视着罗马的秘密及其伟大之处。我只知道一点，那样的一种美，那样的一种和平和力量，从每块小石头上望着我，使我经常感到幸福和自豪。人类的意识当中能够有那么多的美，人的双手具有把意识变为形态的力量……""一切伟大和美好的事物，都是人创造的，是在鲜血、汗水和缄默中创造的……"

1920年的罗马城和梵蒂冈是安静的甚至是乏味的，在安德里奇看来，这个天主教的圣地甚至如同中世纪的天主教教规一样的刻板和乏味。在这里，安德里奇与祖国几乎毫无联系，甚至没有塞尔维亚语的书籍和报纸。不过，还好沃依诺维奇与他的书信联系没有中断。这对他来说可以算是困难中唯一的好消息了。3月底，他收到了老沃依诺维奇寄给他的礼物——两期《思想》杂志，这是来自祖国的唯一的邮件。

独自在国外生活的安德里奇对母亲和姑母更加思念了。

对于母亲的近况，安德里奇十分挂念，因为通信的不便，他不能在第一时间了解母亲的去向，她是和姑妈一起住在维舍格勒，还是独自去了萨拉热窝做工。因为过于思念、牵挂母亲和姑母，安德里奇的身体状况变得很糟糕。但是他怕妈妈生活困难，在3月14日给家里写了一封信，并托人带回波斯尼亚，信中写道："如果您从茨尔尼旱斯基或别人那里为我领取了稿费的话，请您把它寄给兹丹卡·马尔科维奇博士小姐，她的地址是：南斯拉夫王国萨格勒市布维绍卡街ls号。她会把钱转给我妈妈的……"

这封信件传递效率出人意料地快捷，当年4月，姑母安娜在收到信件后马上在维舍格勒给他写了回信。在信中，安娜姑妈告诉安德里奇他母亲身体很健康，并且已经离开了维舍格勒回到萨拉热窝。姑母的信给了安德里奇很大的安慰，有些躁动的心很快就平静下来。姑母在信中还告诉他，沃依诺维奇在罗马有个表妹，老先生很思念这位亲人，请安德里奇代他在罗马城拜访一下。

安德里奇在驻梵蒂冈使馆工作期间，同《塞尔维亚文学报知者》杂志建立了工作联系，在该报上他发表了旅居罗马的第一篇小说——《罗马的一天》。这也是他同这家当时南斯拉夫国内最具有影响力的平面媒体建立良好合作关系的开始。

在心里压抑的困难解决后，安德里奇把整个意大利游历了一遍，著名作家司汤达和歌德所写的有关意大利的旅行笔记成了他现成的旅行指南。在1921年夏天，他与朋友茨尔尼昂斯基一起到意大利南部进行了一次愉快的旅行。同年秋天，他发表了类似于现在评论员文章的作品《三封来自罗马的信》，在这中间，他对马里奈蒂的《突然出现的剧院》、普洛哈斯克的《克罗地亚——塞尔维亚当代文学述评》和阿农齐耶的诗集《抒情小诗》三部不同的著作，做了独家的解说和评述。

著名评论家米兰·波戈丹诺维奇在《世界述评》杂志上，对安德里奇在这期间所创作的作品给予了很高的评价，尤其是这篇《三封来自罗马的信》给出了不吝溢美之词的评论。他这样写道："伊沃·安德里奇天才的力量，超过了迄今为止他所出版和发表的所有的作品……伊沃·安德里奇还有许多潜力，等待他的还有长篇小说，可能还有话剧……"

2. 三地任职

> 有一次，我怀着赞赏和理解的心情读了歌德的法则，根据这一法则，艺术是创作，而不是演说。
>
> ——伊沃·安德里奇

1921年10月，安德里奇离开了意大利前往罗马尼亚首都布加勒斯特。在那里的总领事馆就是南斯拉夫王国为他提供的新的职位，在那里，安德里奇一直工作到1922年的11月，用他自己的话讲,这一年是在伟大的工作岗位上从事富有意义的工作。在这期间南斯拉夫王国在国际上难以打开局面,这使得安德里奇的内心十分沮丧。他在致友人的一封信中这样写道:"您不能理解,当我看到团结及其全部的胜利从一切方面莫名其妙地瓦解的时候,是怎样的心痛和害羞。我们建立了这一团结,是首先动员大家保卫它、发展它的号召者,而现在正从在每日的胜利和无所事事中从世界上消失着……"

1922年11月14日,安德里奇重回意大利,这次的目的地是风景如画、闻名欧洲的自由港——利亚斯特。不过仅仅两个月后,1923年1月12日,奥地利格拉茨领事馆又成为了他新的工作单位,一个副领事职务在等待着他。

格拉茨城坐落在穆拉河畔、斯提尔的阿尔卑斯山麓,当年的梅兰加塞街24号就是安德里奇在奥地利的住所。在此期间,他利用在意大利和梵蒂冈逗留期间积累的资料,直到1925年年底,这两年的时间内以"莱斯"为笔名,发表了系列文章《法西斯革命》、《贝尼托·墨索里尼》、《乌代奥特的机遇》、《法西斯主义的危机——意大利的危机》,这些文章在当时经由杂志《南斯拉夫田野》进行刊载,这些文章都有一个共同的主题:讽刺和抨击意大利渐渐泛起的法西斯毒苗和这些毒苗的创造者墨索里尼。撰写讽刺法西斯统治的文章可以说仅仅是安德里奇的业余爱好,在《塞尔维亚文学报知者》杂志上发表了中篇小说:《小镇上的爱情》、《在客厅里》、《穆斯塔发·马扎尔》似乎才是安德里奇的主要工作之一。其中的小说《穆斯塔发·马扎尔》这部锐利的关于粗野的一整套病态的决斗的中篇小说，更是与众不同，别具特色。其中最为后人熟知并津津乐道的文句自然就是马扎尔一个劲儿地重复悲观的话语："世界充满了污秽。"

1923年年底，安德里奇有些霉运当头，因为按照南斯拉夫王国的新规定，外交部官员至少要有大学本科文凭，安德里奇不幸成了没有文凭的倒霉蛋。如果因为学历问题离开外交部的话，对安德里奇来说是个很沉重的打击。不过，非常幸运，安德里奇并没有离开外交部，因为总领事布迪萨乌列维奇对安德里奇十分欣赏，于是在安德里奇前程处在危险关头的时候，马上向国内打报告：允许安德里奇在领事馆继续停留两个月，把已经在格拉茨大学的学业进行到底。如果两个月后他能顺利完成学业，留在外交部则全无问题。在此期间，安德里奇全神贯注地钻研《俄语语法史》等课程。6月中旬，所撰写的论文《土耳其统治时代波斯尼亚精神生活的发展》顺利地通过了博士论文答辩，获得博士学位，完全取得了在外交部任职的资格。而且，由于他高水平的博士毕业论文备受欣赏，安德里奇官升一级，6月24日他升任南斯拉夫王国驻格拉茨城领事馆二级副领事。

1923年8月12日，安德里奇的姑父、瓦尔格公司的出纳员伊瓦·玛特科夫塞齐克去世于维舍格勒。安德里奇强忍着心中的悲痛在9月15日奉命回到外交部，准备接受新的工作安排，一个多月以后，即11月1日，转到政治部就职。与此同时，南斯拉夫当地的文学会为安德里奇出版了他的第一部小说集，在书的前言里，安德里奇说："这是一些关于土耳其人和我们的小说。"其中入选的小说有《在客厅里》、《在监狱里》、《乔尔坎和德国女人》、《为了军营》、《穆斯塔发·马扎尔》、《罗马的一天》、《马鸣啸啸的河岸》、《小城里的爱情》、《阿尔哈姆布里之夜》。其中的《乔尔坎和德国女人》可以说是一部传世佳作。一个酒鬼仆人荒诞地追求一个女杂技演员，他毫不理会他人的看法，为了显示自己的勇敢，在硬地上玩撑杆跳。评论家卡尔洛·奥斯道依奇评论这个怪诞的家伙，说他是"小城镇里的人所生活的黑暗世界的富有人情味的否定者"，这位堂·吉诃德式的人物在城市废墟上死亡的过程被安德里奇细腻的笔法表现了出来：在阳光的照耀下，他艰难地呼吸着，重复地念叨两句话……安德里奇引导读者思考：孤独的情人和英雄终于在"人的全部不幸的最大灾难中找到了解放——重新觉醒"。

1924年，在文艺界隆重纪念塞尔维亚最伟大的文学批评家和文学史家之一——约万·斯凯尔里奇(1877——1914)逝世10周年时，《塞尔维亚文学报知者》杂志出了纪念专号，安德里奇获得了撰写纪念文章的邀请，可见这时候的他已经跻身于名作家之列。

1924年安德里奇出版的小说集在社会上反响热烈，为此在1925年2月，塞尔维亚皇家科学院为此书奖给他5500第纳尔，这是他中学奖学金的10倍。这一年第1期和第3期《塞尔维亚文学报知者》杂志发表了安德里奇的短篇小说《热帕河上的桥》。《热帕河上的桥》是一篇寓意深刻的小说。小说的主人公约瑟夫受奥斯曼帝国指派前往波斯尼亚当殖民地丞相，后来因为政治斗争失败而身陷囹圄。在狱中，约瑟夫想起了故土和出生的地方——波斯尼亚和热帕河，他发誓有机会重获自由一定要在热帕河上修一座石拱桥作为自己重获自由的纪念。

《热帕河上的桥》是安德里奇最重要的短篇小说之一，绝大部分文学评论家把这篇短篇小说看作是长篇小说《德里纳河上的桥》的前传。南斯拉夫国内研究安德里奇的评论家曾经这样评价安德里奇关于桥的主题小说："当安德里奇向我们讲述有关一些桥的历史的时候，当他处于非同一般的荒野之中，是一个不寻常的一种迷惑不清而又牢牢不放的思想的阐释者的时候(例如在短篇小说《热帕河上的桥》中所阐释的那样)，面对不可抗拒的力量和经常阴郁不清的生活，他首先是一位对人充满爱心的幻想者、思想家和诗人……"

与以穆罕默德巴夏在德里纳河上建的桥为主体的小说《德里纳河上的桥》不同，这个约瑟夫丞相建的桥仅仅让人觉得这是一个充满抽象意义的符号。作为一个外交官，安德里奇在这时候发誓要写至少一部长篇小说为后人留下描绘波斯尼亚乃至整个南斯拉夫民族独立振兴的历史画卷。他着迷地研读了塞尔维亚著名历史学家米哈依洛·加乌里洛维奇博士的著作《巴黎档案馆纪实》。在这部具有很高研究价值的著作中，有关法国驻特拉夫尼克领事彼拉·达维尔的材料及其讲话、报告，这些材料引起了安德里奇浓厚的兴趣。这些素材经过安德里奇的整理和分类，构成了他"三部曲"系列小说《特拉尼夫克纪事》的主要素材。

为了还原乃至进一步让史料和人物更加丰满，安德里奇利用出差的机会尽可能地搜集土耳其统治波斯尼亚年代的有关史料。在后来有人向他询问寻找编织故事的材料的感受时，安德里奇回答道："我在档案馆里度过了异常美好的时光，发现了平常但却是令人欣喜的材料。"

安德里奇认为文献材料是创作历史小说和纪实文学的奠基石，他还曾经颇有见地地指出："将科学的真理之光投射到过去的事件中，那意味着要为今日的事情服务。因此可见，档案文献不是僵死的东西，也不是浑浊不堪、毫无用途的东西。这种东西从表面和局部来看，有时是那个样子。这些东西是很宝贵的；没有这些东西，对未来什么也看不清楚。"在他写给科洛得·阿乌林的信中说："1929年—1930年期间我在法国外交部的档案馆里，摘抄了1807年—1814年法国驻特拉夫尼克领事馆的有关报告和材料。在此之后，我还在维也纳、奥地利国家档案馆浏览并摘抄了巴威尔·米代莱尔和雅科布·巴乌里奇两位驻外国领事的工作报告。"

在写给科洛得·阿乌林的信中提到了这样的事实："在那些年里，我以自己的全部精力和经验收藏了所有这些重要人物的材料……"安德里奇曾谈到为以后创作长篇纪实小说《特拉夫尼克纪事》而广泛、细致地搜集材料的事情。他对好友鲍日达尔·科瓦契维奇提出的嘱告说："我看到，您以真才实学，从事着对我们从前的文化和历史的研究工作。但是作为科学，历史是非常危险的。相信我，通过美文小说运用它，那要容易得多，也有益得多。我撰写了驻波斯尼亚的外国领事的传略，这只算是一份博士论文、学术裁判，说不定会有什么人要超过它，拿出新的档案材料。不过，领事时期的种种事情，将用美文小说形式表述，它要具备更多、更经常、更久远的可读性。"

很显然，安德里奇很清楚如何通过艺术的文笔去客观和相对严格地通过小说来反映历史事件和人物。安德里奇认为纪实小说或文学既要严格地遵照历史的真实去撰写，又要通过合情合理的想象与艺术加工予以感情上的渲染。

通过这段时间笔耕不辍的创作，安德里奇的作品影响日渐扩大，安东·巴拉茨曾经这样评价安德里奇："伊沃·安德里奇是与洛斯拉夫·克尔莱乏并驾齐驱的人物；我们这一代文学家中最强有力的代表：这一代作家目前正处于创作的高峰期。"

1926年年初，经波戈丹·波波维奇和斯洛波旦·约万诺钍奇教授建议，安德里奇被推选为塞尔维亚科学院通讯院士，这是他获得的第一个来自祖国的荣誉，当然，也不会是最后一个。

3. 驻马赛领事

> 一切都可以事先看到,一切都永恒存在,一切都不可改变,一切都由人长久地延续下去。
>
> ——伊沃·安德里奇

1926年10月24日,南斯拉夫王国任命安德里奇为南斯拉夫驻法国马赛大使馆的副领事,这一年安德里奇34岁,前几天刚在奥地利的格拉茨度过了自己的生日。

马赛是法国的第二大城市,仅次于首都巴黎,同时也是一座著名的海港。它最吸引人眼球的不是法国足球甲级联赛旅马赛队,而是距离城市中心不足50公里的浪漫小镇普罗旺斯。安德里奇在孩提时代就对法国的文化十分感兴趣,在中年时能来到这个洋溢着浪漫与艺术气息的国家工作,这对他来说可以算得上是莫大的幸福。

在这期间安德里奇沉醉在法兰西灿烂的文化中,他孜孜不倦地拜读了包括卢梭、孟德斯鸠、伏尔泰、大仲马等知名思想家和文学家的知名著作,细心体会作品中充沛的精神能量。这为他以后写作水平的进一步提高创造了良好的氛围。

上帝貌似总是不让安德里奇事事顺心如意,1927年新年到来的时候,安德里奇的姑妈安娜因病去世。在前段时间,安德里奇的母亲已经去世,这意味着安德里奇的家中已经没有任何亲人了。由于过度悲伤,他的身体状况又出现了问题,一场严重的上呼吸道感染侵袭了他的身体。安德里奇在写给良师益友阿拉乌波维奇的信中这样写道:"1927年年初,我的心情就不很好,患了感冒和喉头炎,刚刚开始恢复,还未痊愈,就传来姑母在维舍格勒病逝的消息,我甚至都未能去为她安葬。她是我们家最后的一个成员。那就是说,在我们家,孤独的我是最后一个人,再也没有自己的任何亲人了。哪里也去不了,任何人也找不成。我在这儿完完全全是孤身一人了……我再也没有任何社会交往了。"

安德里奇的性格是有一些内向甚至是孤僻的,姑母的去世对他来说是一个很严重的打击,这种忧伤的心情始终流露在他在这段时间他里创作的作品中的字里行间。

1927年—1928年,在国内知名杂志《塞尔维亚文学报知者》上,为了配合重要纪念日,安德里奇发表了两篇著名的评论文章。《关于来自阿西齐亚的弗兰齐斯克的传说》和《关于拉乌拉和百特拉尔克的传说》。同时也创造并完成了一部十分著名的小说《阿妮卡的时光》。

安德里奇1928年创作的中篇小说《阿妮卡的时光》是一篇颇具可读性的作品,这篇小说对某些心理有些不正常的女人的行为和心理描写得十分生动,这篇文章可以算得上是那个时代十分出色的哲理小说。

小说的女主人公阿妮卡依靠着自己的美色统治着波斯尼亚的一座小镇,使远近数不清的男人拜倒在她的石榴裙下。安妮卡的性格古怪而且偏激,似乎在她的内心中潜藏着一只司职复仇与毁灭的恶魔,她的血液好像有一种毒素,使她在有些时候看起来是那么恶毒和好斗。

她像一只花蝴蝶一样在男人中间翩翩起舞,安德里奇用了很大的篇幅来描写她这种现在看起来十分放荡不堪的生活,但是这种生活似乎令阿妮卡自己也觉得疲惫不堪,她曾经这样说:"谁若把我杀了,那可是做了一件大好事。"

小说的结尾十分荒诞,阿妮卡最终死于她自己的亲弟弟手上,一个疯狂的青年,他用手中的餐刀刺穿了这个放荡女人的心脏,结束了她自我毁灭的人生经历。小说中另一个主人公

米哈依洛维奇也是个内心复杂的人,安德里奇在小说中对他也进行了着重的心理描写和刻画。米哈依洛维奇年轻的时候,碰上了一个情人杀死自己丈夫的血腥场面。这可怕的一幕深深地印在了他的记忆里,使他想起这件事时感到世界的颜色都是鲜血的颜色,而最终他认识并来到了阿妮卡的面前时,那个女人已经成了一具冰冷的尸体。

在这篇不算长的小说里,安德里奇对这两位主人公都进行了着重的心理描写和刻画。通过对环境的描写,将读者带入了一个古怪离奇的、充满了荒诞和毁灭的黑色幽默世界当中,这篇小说的问世标志着安德里奇作品对人物心理和社会行为的描写进入了一个崭新的历史阶段,为他后来创作的小说《萨拉热窝女人》和《情妇玛拉》积累了宝贵的创作经验和故事素材。

1927年12月,安德里奇曾经短暂地在南斯拉夫驻法国巴黎总领事馆工作。这段时间里他更多的时间是在办公室里喝茶和阅读书籍。有一次,在法国的蒙巴尔纳斯美术家协会或拉丁街的咖啡屋闲坐聊天时,好友斯朵扬·阿拉里查向他讲述了国内美术学院官员间的政治与摩擦,安德里奇听罢说道:"嗨!我说斯朵扬,您到我们外交部看一看,在那里一盏灯要恶狠狠地撞击另一盏灯!"形象地表现了安德里奇对南斯拉夫王国官僚和名利圈里争名逐利的深刻认识。

4. 工作在马德里

> 读者应当聆听传奇故事，那是千百年来人们集体奋斗的足迹。从这些传奇中，可以猜测出对我们命运的思考。
>
> ——伊沃·安德里奇

1928年春天，西班牙首都马德里市的南斯拉夫驻西班牙总领事馆迎来了一位新的副领事，他就是伊沃·安德里奇。地中海温和湿润的风吹拂着这座始建于1561年腓特烈二世统治时期的古老的城市，在这里安德里奇在工作闲暇之余经常浏览马德里市内的各大公共图书馆、国家剧院以及各个历史名胜古迹，从中汲取着各种精神营养。

当年正值画家戈雅诞辰100周年，为了纪念这位伟大的印象派画家，在当时马德里最大的博物馆——埃尔·普拉道博物馆举办了大师的回顾展。对绘画艺术痴迷不已的安德里奇参观了这次画展，分别在1929年和1933年发表了两篇纪念和歌颂大师的评论文章《戈雅》和《同戈雅的对话录》。

这两篇发表时间间隔4年的文章比较完整地阐释了安德里奇对于艺术创作的观点。特别是他对童话、神话和传奇重要性的提法，在评论戈雅的创作时，安德里奇在潜心研究和个人经验的基础上说："对于我们身边不断发生的事情，我们长期迷惑不清。在我的后半生得出结论：在我们身边发生的无关紧要、但明显重要的事件中寻求思想是徒劳的，错误的；而应该到围绕着人类某些主要的传说、千百年来从事创作的各阶层的人士当中去寻找……"

上述的文字可以被认为是安德里奇历史小说创作的核心思想，基于这一思想，安德里奇在创作以后的历史题材类型的纪实文学与小说时，都十分注重与历史时间和年表进行总结。这就形成了属于他的独特的写作风格。

安德里奇在西班牙期间积极搜集各种史料和文献，他计划创作一部精悍的长篇小说。于是，这些资料与他的笔记和草

稿在几十年后他进行了整理和创造，结合波斯尼亚当地的神话故事和素材创作的小说《罪恶的牢院》与广大读者见面了。安德里奇对他在西班牙的生活工作表示满意，的确，在这里他能更加自由地畅游在文学的海洋，而且这里温和湿润的气候对他疗养自己孱弱的身体大有裨益，这其中最令他感到难忘的就是在努曼西亚和塞维利亚以及巴塞罗那的旅行和见闻了。

安德里奇根据这段时间的旅游见闻写了一本游记，其中为后人耳熟能详的文章当属《西班牙的现实和在此迈开的最初的步伐》了。在这篇文章中，安德里奇的心情随着旅行时的欢乐而变得轻盈与快乐。

在马德里生活的时间并不长，在此期间安德里奇曾经短暂地在南斯拉夫王国驻比利时首都布鲁塞尔大使馆从事秘书工作，在这期间安德里奇并没有新作问世，这对他来说是个不小的遗憾。

仅仅半年后即1930年元旦，安德里奇被任命为日内瓦人民协会南斯拉夫王国常驻代表团秘书。在这期间有一次，他聆听了德国大作家托马斯·曼的讲课，这使他感到受益匪浅，但是由于种种原因安德里奇并没有与托马斯取得联系，安德里奇认为这是一大损失，后来在文章里以及与友人的交谈中都多次提到过这件事。

安德里奇的感情丰富而细腻，他在学生时代对辛勤教育自己的老师总是怀着深深的敬意。1930年7月，他在维舍格勒读小学时的老师刘鲍米尔·彼得洛维奇去世了。安德里奇为一生中第一位老师的病逝甚感悲痛，立刻写了《刘鲍米尔老师》一文，发表在《观察》杂志上。这篇缅怀恩师的散文以最典型、最动人的故事打动了读者的心，让人们看到一位大作家深厚的情感和善良的人性。这是安德里奇最好的散文作品之一，曾选入多种文集。

然而，又一个打击接踵而至，1930年7月，与他亦师亦友、在困难时给予安德里奇无私帮助的伊沃·沃依诺维奇也与世长辞。这一噩耗，使安德里奇的内心遭到了更加严重的折磨。然而，38岁的安德里奇并没有被灾难与痛苦吓倒。他擦干了眼泪，写了饱含哀思的文章《缅怀伊沃·沃依诺维奇的一件往事》，表达了对这位老人无尽的思念。这篇文章后来发表在《杜布洛夫尼克》杂志上，也曾经被收入多种文集，使得安德里奇那细腻的内心世界更为人们所熟知。

5. 六年零两个月的国内生活

> 他很安静，没有多大脾气，对待拜访他的人总是十分客气，知无不言，言无不尽，总是智慧圆润，通晓世事的。在路上被人认出时总会笑侃："原来我也是如此被人熟知。"
>
> ——《评伊沃·安德里奇》

时间回转到1933年2月，安德里奇离开了西班牙回到南斯拉夫。很快，南斯拉夫王国政府为安德里奇在国内的外交部预留了一个职位，下列文献比较概括地记载了1933年3月至5月份安德里奇的一些情况：

  1933年3月22日，法兰西共和国总统授予安德里奇荣誉军团军官勋章。5月25日—28日，安德里奇应邀出席了在杜布洛夫尼克召开的写作俱乐部代表大会。

——《大事记》拉道万·波波维奇著。

  在会上，安德里奇结识了斯洛文尼亚著名作家奥东·茹班契奇，在会后与奥东·茹班契奇一起到斯洛文尼亚旅行一次，具体的行程是先乘船到苏萨克，然后乘汽车由苏萨克到卢布尔雅那，这次的旅行时间跨度接近两个月。这次旅行安德里奇首次距离阿尔卑斯山脉如此之近，以至于他因为内心的震撼而在此地流连忘返，阿尔卑斯山甜美的泉水与斯洛文尼亚壮美的湖光山色使得他忘记了时间的流逝。在这次旅行结束后，安德里奇回到外交部继续工作，由于工作能力出色，于1934年年底晋升为外交部参赞。1935年，因表现出色被升任为执行外交部政治部主任，负责政治宣传工作。

  安德里奇不但是一个作家，而且也是一位知名的学者，他对塞尔维亚族大诗人彼得·涅果什有很深的研究，而这位伟大的诗人也是被安德里奇专门研究的为数不多的几人之一。1934年12月24日，他应邀到科拉里奇人民大学作题为《涅果什——科索沃思想的悲剧性英雄》的讲演。1935年，他还出版了与此讲座同名的小册子。

安德里奇是名副其实的涅果什研究专家，自1925年到1963年，他不间断地发表了一系列引人注目的文章，对涅果什这位伟大的文学家、诗人进行了深刻的解读和剖析，知名文章有：《涅果什在意大利》、《刘芭·奈纳道维奇谈在意大利的涅果什》、《涅果什的人性美》、《涅果什作品的光辉》、《涅果什的永恒性》、《涅果什与文化的关系》、《对涅果什作为作家的一点看法》及《在涅果什的信函之上》八篇文章。这些文章发表在国内知名刊物《塞尔维亚文学报知者》上，引起了很大的轰动。

1934年1月10日，伊沃·安德里奇入选了由《塞尔维亚文学报知者》主编的文学委员会成员名单。其余入选的人分别是：伊希多尔·赛库丽奇、西百·米里齐奇（1886—1943）、科斯塔·鲁科维奇、尼科·巴尔都洛维奇(1890—1943)、米兰·卡萨宁(1895—1981)。时任编辑部秘书长的是著名作家、文学评论家尼古拉·米尔科维奇(1903—1951)。

安德里奇在南斯拉夫国内有许多忠实的读者，他的作品为广大的民众所熟知。1934年1月18日，安德里奇创作的小说《网妮卡的时光》被萨拉热窝的剧作家波里沃耶·叶乌蒂奇改编成为话剧搬上舞台。

两年后，安德里奇创作的小说《在西纳诺瓦修道院之死》、《灾难》、《暴风雨》、《渴》等共计30余篇小说由塞

尔维亚作家协会编辑成《安德里奇中、短篇小说集选》，与广大读者见面，其中最有代表性的当属中篇小说《在西纳诺瓦修道院之死》。

《在西纳诺瓦修道院之死》是安德里奇在这期间所创作的一篇比较有代表性的作品，这篇作品最令人印象深刻的是安德里奇对主人公内心复杂变化的细致而传神的描写。故事的主人公阿里代伊是个有着穆斯林血统的满腹经纶的人，他的一生没有遇见大的波折，在他临死前却回忆起自己年轻时所遇见的一些事情，比如家乡小镇上一个溺水身亡的女人被拖到岸上时尸体浮肿的样子，还有自己偷尝禁果时内心的忐忑。作者仅仅细致地刻画了主人公青年时所做的一些事情就使得整篇小说有个深刻的灵魂。

《米拉与普莱拉茨》是一篇怀乡忆旧之作，表达了作者对在维舍格勒城度过的童年、初恋以及痛苦的遭遇所特有的情愫。这期间，安德里奇还发表并出版了反映童年生活的系列小说。这些作品可以看作是安德里奇童年生活的写照，其中主要有《孩子》、《窗户》、《同世人吵架》、《书》、《风景》、《在河岸上》、《邻居》、《来自1920年的信》、《家人照片》。

1936年年初，塞尔维亚文学协会管理委员会文学部又有了一位新成员的加入，他就是伊沃·安德里奇。为此，主席巴乌莱·波波维奇特地写信向他表示祝贺，主席先生对有这样一位知名的作家在委员会担任委员表示欣喜。

安德里奇曾在1936年至1339年、1945年至1972年两个时间段担任这个文学委员会的委员，在塞尔维亚国家档案馆里收录了安德里奇在这两个时间段内任职的一些经历和日常任务。这些材料显示安德里奇在这段时间的工作可以用兢兢业业、孜孜不倦来形容和概括，他甚至对南斯拉夫国内的红十字会组织进行了力所能及的帮助，以至于在1936年，南斯拉夫红十字协会授予他红十字勋章。

在外交事业上，安德里奇也干得很顺手。1937年11月5日，他成为外交部长斯朵亚迪诺维奇的助理。同年年底，法兰西共和国总统授予安德里奇荣誉军团高级军官勋章。在波兰，有关部门授予安德里奇复兴的波兰高级指挥官勋章。另外，在华沙还翻译出版了《安德里奇中、短篇小说选》。在德国，1939年，经著名学者阿洛依兹·斯玛乌什博士翻译，出版了《安德里奇中、短篇小说集》。这个集子选取的作品是较为广泛的。伊希朵尔·赛库丽奇对此书评论道："这是精神世界里纯正的喜事，因为这些作品的作者是'一位大诗人和大思想家'。"

　　1938年，在出版家茨维扬诺维奇的协助下，塞尔维亚文学协会出版了由批评家尼古拉米尔科维奇撰写的学术专著《伊沃·安德里奇》。这部带有人物自传性质的纪实文学为后人研究安德里奇50岁以前的生活经历提供了宝贵的资料。

Chapter 3

第三章　战争前奏

1. 柏林记

高处是那样清新、光明、洁净和宽广，我的思想在那里游荡。而这里，在下面，在我写字的地方，腐烂的臭气刺破我的胸膛。刚刚醒来的眼睛不知休息，它在把远处张望。我胡乱地生活着，艰难地呼吸，一切都渺小，一切都低矮显出陋相。一切都是那么黑暗，一切都是那么沉重难以抵挡。我像一头负伤的鹰，一支乐曲在心中高声回荡。高处是那样清新、光明、洁净和宽广，这支乐曲在高处放声歌唱。我把你们描写，让人知晓，痛苦地微笑，面对着死亡。

——伊沃·安德里奇

1929年开始的经济危机席卷了当时的德意志共和国，阿道夫·希特勒在慕尼黑的一家小酒吧里发动了未遂的政变后被德国人熟知。在4年刑期后，他组建了德国社会主义工人党，在1933年赢得大选并取代魏玛政府组建新一届政府内阁，一个战争狂人从此登上了德国政治和历史的舞台。1934年8月2日兴登堡去世后，"魏玛共和政体"自此消亡，希特勒集总统和总理大权于一身，一个战争狂人、种族灭绝者登上了德国的历史舞台。

在同一年，1936年4月1日，西方的传统节日愚人节到来之际，已经升任外交部长助理的伊沃·安德里奇，被国内政府任命为南斯拉夫王国驻柏林公使。4月12日，安德里奇带着这份看起来平常的任命，抵达了暗流汹涌的柏林城。4月19日，安德里奇作为南斯拉夫王国驻柏林特命公使，向希特勒递交了国书。在两天后随团参加了希特勒的50岁生日庆典活动。

安德里奇在到达柏林后的最初几个月，作为一位名作家，受到知识界的尊重，德国文化部门还为他出版了德文版的中短篇小说集。对于这方面受到的欢迎，安德里奇是感到欣慰

的。但是，作为一个外交官，他虽然也应邀出席了一些重要活动，却纯属外交应酬。然而，在安德里奇看来，战争的阴云已经悄然笼罩在了整个欧洲大陆的上空。

1939年9月1日凌晨，德国军队利用夜幕的掩护，在2000多架飞机的支援下，对波兰发动突然袭击，波兰战争爆发了，波兰军队无力抵挡德国装甲部队的进攻，马刀是不可能劈碎坦克的。9月6日，波兰政府逃离华沙。9月27日，华沙沦陷。

占领波兰后的德国政府对波兰境内的精英分子、不愿与德国政府合作的其他知名人士进行残酷迫害，这其中有很多是安德里奇在波兰求学时的师长和同学，他的内心十分痛苦，在后来回忆这段生活的时候安德里奇写道：

> 在自己最糟糕的时刻，我找到了不寻常的、预想不到的慰藉，就是说我在思考另外一种生命，从日期、名字和事件来看，同我的生命相同的一种生命，不过那是真正的、光辉的、纯洁的、艰难的生命，诚然，地球上的任何一种生命都应当是这样的，在那种磨难中没有任何黑暗和丑恶的东西。生命是随着祝福开始的，在高处消失，在光明中熄灭。我沉思冥想地站在与自己容貌相同的人的形象上面，如同树木立在平静的水中的影子上方一样。我在无策之中寻求营救的办法，霎时间，忘记了自己真正的生命。当时我很痛苦，生命发出颤抖……

在当时看来，营救这些受到迫害的波兰人无异于是摸老虎的屁股，其中的危险和可能带来的后果都是十分严重的。然而，安德里奇却毅然地主持并参与了营救行动，原因是，这是一个心中有正义感的人应该做的事情，况且，里面还有很多人和自己有这样那样的关系，他的这种行为在波兰人看来无异于雪中送炭，与在战争开始时苏联人抄波兰人的后路这一行为相比，安德里奇无异于是现实中的救世主。在后来波兰知名作家、著名的教授和翻译家亨利·巴托夫斯基在享誉全国的报纸《华沙生活》上著文回忆这段历史时写道：

  安德里奇通过外交途径和个人在柏林的关系，极力关注这一事件，想采取某种方法帮助那些囚禁者。同样，他还在贝尔格莱德谋取办法，让南斯拉夫的一些科学院和大学给尽量多的一大批克拉科夫科学家发邀请，以便使他们有可能摆脱希特勒的奴役。在这件事情上，同安德里奇共同合作的还有他的同事——南斯拉夫大学教授维利姆·弗拉尼奇。他曾被关在萨茨哈根集中营，在那里同其他一些大学教员一起立下过誓言。他从集中营放出来以后，来到柏林，交给安德里奇一份关于克拉科夫大学的第二拨教授命运的情报：这拨教授被关在达哈。安德里奇的努力，未能取得满意的结果，因为南斯拉夫公使的声音不可能在盖世太保们身上产生任何影响……

1939年后半年开始，局势变化进一步糟糕，德国的装甲师步团横扫了整个北欧，丹麦、瑞典、挪威、荷兰、芬兰均在德国军队的铁蹄下屈服沦陷。与此同时，安德里奇得知消息，因为营救波兰好友而触怒纳粹政府，令他厌恶的岑扎尔·马尔科维奇将被派往柏林，接替他的工作。这时，安德里奇的心情十分压抑，而唯一使他心中稍感温暖的就是好友、时任南斯拉夫王国驻荷兰鹿特丹领事的作家希白·米里契奇给安德里奇寄了一封信，信中说："亲爱的伊沃，非常遗憾，这里向国外邮递物品不得超过半英镑巧克力。我一共买了四公斤，每半英镑一包，分几次寄给你，这样你就可以全部收到了……"

友人的温暖给安德里奇送去了继续驰骋的勇气和力量。时间切换到1940年，在这一年，德国依旧向外扩张，而南斯拉夫依旧单方面地宣称奉行中立政策，这年从上半年开始局势进一步紧张，与南斯拉夫一样奉行中立政策的比利时和卢森堡被并入德国的版图，法、德边境上形势紧张，5月19日，德军从侧翼绕开了法国建造的当时欧洲最大的军事要塞马其诺防线，全面入侵法国。6月14日，巴黎沦陷，德国扶植贝当政府作为统治法国的傀儡，安德里奇为此专门向德国政府提出正式的外交照会："我们如何理解这一切？……我国政府把苏联、德国和意大利军队的行动看作是极大的搅扰，整个形势在我的国家里引起了很大的恐惧……"

德国方面劝他，要他相信，没有恐惧不安的理由，并信誓旦旦地保证苏联是德国和南斯拉夫的朋友，不会做任何破坏这方面力量平衡的事情……就在这番话说出后的不到10个小时，德国马上占领了罗马尼亚的一部分——比萨拉比亚和部分布卡维那。德国军队进入罗马尼亚，这似乎是第一次世界大战前夕巴尔干半岛局势的重演，只不过这次的主角由奥匈帝国换成了德意志帝国。德国政府继续派人哄骗在柏林的安德里奇，让他不要为了这件事情感到担心，因为德国进驻罗马尼亚仅仅是一次正常的军事部署。

1940年7月，德军空袭英国，伦敦南区和北区的白鹿巷一带毁坏严重。然后，被惹毛的英国人马上派遣皇家空军空袭了德国的柏林、斯图加特以及波鸿等地，当时已经准备收拾行囊的安德里奇在日记中记下了他亲身经历的柏林空炸：

> 不是偶然的条件就能让人改变生活方式，教他按另外的一种样子生活，而在这里，条件却特别迫使我们换一种样子睡觉。在这间黑洞洞的屋子里，进入梦乡之前，听到了种种动静和火苗发生的噼噼啪啪的响声。这会儿，这种动静和响声具有完全不同的意义。我们接受了这一切，在半清醒半不清醒的境域里拷问着自己，这些与我们正要面对的警报声、飞机的嗡嗡声以及隆隆的炮声是否有什么联系。就在我躺着写字的短暂的时刻，在房间里和房屋的周围，呈现出宁静的气氛……

安德里奇的日记中充满了对战争的担忧和对人类坎坷命运的忧虑。在1940年9月27日，德国、意大利和日本三国在柏林签订军事同盟条约，即《德意日三国同盟条约》，通称《三国轴心协定》，又称《柏林公约》。条约有效期10年。至翌年6月，匈牙利、罗马尼亚、斯洛伐克、保加利亚和克罗地亚等也相继加入该条约。随后，南斯拉夫王国政府首相德拉基萨·茨维特科维奇绕过安德里奇前往柏林，向希特勒表示南斯拉夫政府对加入这个军事同盟的兴奋之情。在事后，首相先生仅仅是轻描淡写地简要地通知他：

> 考虑到我们部长的旅行是非正式的，便没有通告新闻界，以避免在国内造成公开的思想混乱。所有的人都非常清楚，就是在一个小国的代表人物被请到德国"洽商"问题的时候，那会晤以那个国家对德国的正式屈服而结束……

安德里奇向上面提出了抗议。外交部长岑查尔·马尔科维奇对安德里奇的抗议回答说，同德国人会谈和签署协议，都是背着他干的，给安德里奇的信中这样说：

> 关于您提的反对意见，即我访问萨尔茨堡时没请您参加的事情，我愿意马上告诉您，我感到非常遗憾，这件事您理解起来是很严酷的，正因为如此，所以传到你那里的结论都是缺乏理由的。我第一次到萨尔茨堡是极为秘密的，那是按照德国政府明确表示的愿望做的。
>
> 我第二次同政府的代表一起到萨尔茨堡，同样也是极为秘密的，只有在最后的一刹那，才在萨尔茨堡作出决定，把我们的访问公开，并且发表消息。由此您就可以明白，在这样一种境况下，我不可能请您到萨尔茨堡来。因此，希望即使在这样一种情况下也请您相信，您

的部长对您的信任、支持等问题，排在任何讨论之外。您在柏林的工作，要给予特殊的评价，尤其是从我这方面更是这样。工作中的困难是人所共知的，一位公使正在同这些困难作斗争，特别是在今天，在同德国进行着这一斗争。

亲爱的安德里奇先生，我请求您通过这一解释，接受我最诚挚的祝福和对您未来工作的友好的祝愿。……

安德里奇迅速地给他回了信，对他"诚挚的话语，关注和信任"表示感谢，然后又补充说：

……从那个时候以来发生的一切，对我只是再一次证明我的想法是正确的：现在急需一个人物替代王国驻柏林公使的岗位。这是我凭经验树立起来的，不可改变的观点。凭纳麦斯尼克亲王的意志，根据您的愿望，我来到这个岗位，度过了两年的时光。我一向把亲王的那一决定看作是一种荣誉，并对您的信任表示感谢。然而，今天，排在第一位的是公务理由，其次是个人许多的、比较起来显得欠缺的理由要我从这一公务中解脱出来，尽早地离开这一岗位。我没有像我所希望的条件，当面口头向您讲出所有的原因，但是您对我相当了解，您能够相信我是经过严肃的深思熟虑之后，才作出这一决定的。我请求您这样地理解我的决定。根据实际需要，请您在纳麦斯尼克亲王那里作这一决定的解释者。

1941年3月20日，南斯拉夫政府决定加入三国条约，德国新闻界为之叫好,侈谈德国与南斯拉夫的关系在加深。不列颠外交官、巴乌莱亲王的朋友亨利·契诺,在1941年3月22日的日记里写道:

> 南斯拉夫危机在一天天加剧,我觉得莱根特在耍弄把戏,以便赢得时间,把他的军队准备好,武装起来。他现在把年迈的斯朵亚迪诺维奇抛弃了。我非常了解这上了年纪的暴虐者。
>
> ……巴乌莱告诉我一天早晨发现了他的背叛行径——此人这时是政府的首脑。等到晚上,当一切在贝尔格莱德都消散了,斯朵亚迪诺维奇去睡觉的时候,便把他赶下台,并且把他抓了起来。这件事是在前些时候发生的。巴乌莱挥霍钱财太多,正因为这个,那个人把他出卖了……

1941年3月25日,南斯拉夫王国政府首相德拉基萨·茨维特科维奇和外交部长岑查尔·马尔科维奇到达维也纳,签署南斯拉夫加入三国条约的协议。3月26日,德国的报纸被关于南斯拉夫及其加入三国条约的报道和文章所覆盖。在南斯拉夫首都贝尔格莱德引起一片骚动,许多地方爆发了大规模的示威游行。迫于民众的压力,3月27日,政府首相茨维特科维奇、外交部长岑查尔·马尔科维奇被逮捕,巴乌莱亲王在政变发生后逃到了希腊雅典。南斯拉夫国内一片阴霾。

2. 德国人来了

"南斯拉夫找到了自己的灵魂……政府的权力落到了杜珊·西茂维奇的手里。"德国人信誓旦旦地说,"南斯拉夫的主权和领土完整永远都要受到尊重。"

1941年3月28日,柏林所有的报纸都发表了来自贝尔格莱德的消息:《巴乌莱亲王逃跑了》、《贝尔格莱德发生反德示威游行》。……全副武装的大兵布满全城的大街小巷,游行示威者举着南斯拉夫和英国国旗,捣毁了德国旅游局,抢劫了德国文化协会的房舍。德国大使馆被迫关闭,瑞典驻贝尔格莱德的公使马尔玛尔因为讲德语而遭到游行示威者的攻击……德国公民及在南斯拉夫出生的德国人乘火车和轮船离开南斯拉夫。在这段时间里,德国当局向南斯拉夫和奥地利边界地区(奥地利当时是德国的一部分)派去了军队,运去了武器。1941年3月31日,柏林新闻中心记者在贝尔格莱德发布消息:

今天,在外交部为外国新闻媒体举行的新闻发布会上,正式的发言人全权部长斯密特博士在回答有人提出的是否同南斯拉夫有新的联系因素时说:"新的联系因素是有的,今天就有反德倾向和游行示威的证据……"

有人问:"德国政府是否知道南斯拉夫驻柏林公使回到贝尔格莱德去了?"发言人回答说:"那是当然了,不管是怎样的一个政府,也不可能不知道这一点。"有人问:"这位公使是否给贝尔格莱德带去了什么训示?"发言人回答说:"不晓得……"有人问:"这位公使走之前是否同德国政府有过接触?"发言人回答说:"可以这么认为……"

在贝尔格莱德,安德里奇会见了政府首相杜珊·西茂维奇将军和新任外交部长茂穆齐洛,在汇报完工作后,在4月2日回到柏林。在安德里奇回到柏林的同时,南斯拉夫驻柏林使馆代表乌拉基米尔·瓦乌赫尼克上校接到了一个措辞强硬、充满爆炸性内幕的匿名电话。上校先生留了个心眼,他认真仔细地记录了此次电话的内容:"……一位南斯拉夫的伟大朋友在这里讲话。南斯拉夫将在4月6日清晨早些时候遭到进攻,国家在遭到残酷的轰炸之前,贝尔格莱德首先要变成一座废墟和灰烬!让上帝来保卫南斯拉夫吧!"

是谁打来的匿名电话?瓦乌赫尼克上校知道,一定是菲苶尔最亲近的合作者盖林格、卡侬泰尔、约得尔、里本特洛誓、黑穆莱普,以及他们的某个帮手干的。可是,电话的这番训词是谁发出的?很有可能永远也搞不清楚。新闻中心的记者4月5日从德国外交部对外国记者举行的新闻发布会上带回了这样的消息:

有人问:"南斯拉夫公使安德里奇是否访问过威廉港?"

回答道:"没有。"有人问:"从德国驻贝尔格莱德大使馆传来过消息没有?"回答道:"德国驻贝尔格莱德大使馆被南斯拉夫警察局关闭了……"

在占领北欧和西欧大陆后,德国在1940年底制订了代号为"巴巴罗萨"的对苏作战计划。1941年6月22日凌晨,德国撕毁《苏德互不侵犯条约》,纠集芬兰、匈牙利和罗马尼亚等国,出动550万兵力、近5000架飞机和4000多辆坦克,分兵三路突然向苏联发起全线进攻,企图在三个月内征服苏联。苏德战争爆发。

在计划进攻苏联的前夕,德国准备顺道收拾掉南斯拉夫以便可以从南线进入黑海,直捣苏联腹地。1941年4月6日,德军轰炸贝尔格莱德,南斯拉夫终究还是被卷入了第二次世界大战的战火中。

德国飞机轰炸贝尔格莱德的当天,即4月6日,在柏林的安德里奇找到德国外交部的代林贝尔格达,要求南斯拉夫外交官员借道瑞士离开柏林。

第二天,即4月7日,瑞士政府得到了保护南斯拉夫利益的权力。安德里奇与使馆人员一起离开了柏林。在盖世太保的监视下,他们即将前往瑞士申请政治避难。下面的这段文字可以让人们从一个侧面知道这事件的历史背景:

从保护您那些到目前为止仍然还是合作者的利益考虑,要提出一个问题:对各种汽车该做些什么事情。而我本人,非常遗憾,在大多数情况下什么办法也没有。

我想请您找一下负责此事的先生，告诉我，请外交部帮忙，在这方面他们的愿望是怎样的……

这时候，德国的秘密警察（盖世太保）传达了柏林方面计划变更方面的通知："……除了安德里奇先生可以前往瑞士并接受我国政府的保护外，其余人和你们的家属全部回到贝尔格莱德，在那里另有安排。"安德里奇拒绝了这样的安排，他决定既然不能把这200多人全部带到瑞士接受保护，还不如自己和他们一起回国。

1941年6月1日凌晨4时左右，安德里奇与合作者乘专列抵达贝尔格莱德。盖世太保的人员迎接了他们。安德里奇获得了自由，更多的领事和其他外交官被关进监狱，他们后来被送入布痕瓦尔德集中营接受高强度的劳动惩罚，以至于很多人不幸死在了那里。

自从1920年在罗马城开始自己外交官工作直到1941年回国被纳粹政府软禁并监视，安德里奇为自己长达21年的外交生涯画上了一个句号。在这段时间里，他创作了许多脍炙人口的小说，更重要的是让世界更多地了解了南斯拉夫这个国家和民族。不过，安德里奇并没有懈怠下来，困顿的生活使他创作的巅峰期即将到来。

Chapter 4

第四章　巅峰之作"三部曲"

1. 隐居生活

世界上有许许多多的著名人物，他们成长的环境与条件都是非常艰苦的。可是，最终，却取得了震惊世人的辉煌成就。安德里奇就是这类名人中最具有代表性的典型。

安德里奇名声虽高，却一直没有建立家庭，由德国归来以后，住到了贝尔格莱德普里兹伦大街9号、朋友布拉那·米兰科维奇的家里。这是一座条件舒适的住宅楼，米兰科维奇及其母亲和尚未出嫁的妹妹住在第一层楼的一个单元里。他们为安德里奇整理好一间屋子。整个民族解放战争期间，安德里奇就隐居在这里，把全部精力都投入到创作三部长篇小说的艰苦劳动中，每天很少出门会见朋友和相识者。诗人和文艺评论家马尔克·里斯蒂奇邀请安德里奇到乌尔尼阿契克·巴尼阿去，他本人这会儿正居住在那里的岳父家里。

里斯蒂奇的岳父日瓦迪诺维奇，是巴尼阿地区享有盛誉的名医，在当地开了一所疗养院。安德里奇愉快地接受了邀请，来到巴尼阿。在那里，他很高兴同里斯蒂奇一起散步，甚至还乘坐出租车到刘保斯蒂尼亚和科鲁塞瓦茨修道院兜过风。这算是在经历了严重的战争震荡之余得到的唯一的短暂的喘息和安宁。

在贝尔格莱德惨遭德国法西斯轰炸时，著名的意大利作家：马拉巴尔代正在那里逗留。关于该城被毁坏之状，这位诚实的外籍作家和记者做了如下描述：

> 戴拉吉雅一带呈现出一片荒芜景象。在巴尔干旅馆里面，紧挨着一个炸弹炸成的大火坑，停着一辆装满了死人的公共汽车。广场上，在纪念碑那一带，人民剧院还在燃烧……这里和那里，在这座死去的城市里，到处都响彻着枪声……

1941年11月，在枪炮声中刚刚过了49岁生日的安德里奇，就被通告为退休者。坚强的安德里奇断然拒绝了这一通告，他拒绝退休并准备在《致塞尔维亚人民号召书》上签名。当时，人们想通过这份号召书，评论每项反对外国占领者的行动，特别是评论人民解放运动的态势。因为身边无任何亲人，安德里奇生活、工作在孤独与寂寞中。他把全部感情和精力都集中在《特拉夫尼克纪事》、《德里纳河上的桥》和《萨拉热窝女人》三部长篇小说的创作上。

战争的阴影在急剧地扩大，德国法西斯占领了列宁格勒后正疯狂地向莫斯科进犯。在孤寂中紧张地从事小说创作的安德里奇，对周围世界表现出一种惊人的冷漠情绪。无论是卖报声，还是时不时响起的枪声，都不能分散他创作小说的注意力。他每天都孤单单地坐在摆着雅致的家具的房间里。地板上铺着波斯尼亚地毯，地毯上面放着科尼察出品的木雕桌和一张

Chapter 4　第四章　巅峰之作"三部曲"

写字台。写字台上摆着形象生动、传神的奥梅尔巴夏·拉达斯瓷像。这是安德里奇在德国柏林的古董店里买下的。房间的一角放着几个衣箱，俨然是一种毫无家庭牵挂的单身汉的生活方式。在特定环境里生活的安德里奇，看上去变得有些懒散了，一天一天地打发日子，一切都觉得无所谓。见他的朋友都劝他离开贝尔格莱德，因为作为首都，贝尔格莱德时刻都有再遭轰炸或炮击的危险，而且这一危险还在不断地加大。可是，安德里奇却向朋友们反问道："为什么要离开？往哪儿去？随便让命运摆布吧，一切都不在乎！"

在残酷的现实面前，安德里奇变得更加谨小慎微，寡言少语，没有信心。但是，他却更加顽强地为写完早已深思熟虑、构思好了的三部长篇小说而苦苦地拼搏。前面已经讲到在1925年，安德里奇就为创作《特拉夫尼克纪事》作准备。16年来，他无论走到哪里，都把关于这部小说的资料和在维也纳、巴黎以及其他城市档案馆里搜集到的宝贵文献带在身边，在从德国回到贝尔格莱德后，他动手写的第一部长篇小说就是《特拉夫尼克纪事》。10个月后，即1942年4月完成了这部小说。

写完这部长篇小说后，稍作休整，于1943年又写完长篇小说《萨拉热窝女人》，于1944年完成了他一生中最重要的一部长篇小说：为南斯拉夫各族人民赢得了很高的赞誉、在20世纪世界文学的长空画上了一道绚丽的彩虹的《德里纳河上的桥》。这三部长篇小说都是在二战期间政治环境、生活条件十分艰难、个人心境相当失衡的状态下完成的,安德里奇被后人称为生活在石缝中的松树。

2. 创作《德里纳河上的桥》(上)

上半身裸露、四肢被捆、头靠在木桩顶上的拉底斯拉夫的挺直的身躯是不会腐烂的,他像一尊塑像,居高临下,不怕风吹雨打,永远屹立在那里。

——《德里纳河上的桥》

许多作家把自己出生的地方的名胜古迹当作自己写作的主题,往往以它们为主题进行文学创作,总会收获到意想不到的成功,对于安德里奇来说,儿时的故乡德里纳河和热帕河上的桥,就是他生命的一切。这座桥不单单是一个地标,更是承载了自己儿时梦想与创作灵感的舞台。该作品的故事讲的就是这座石拱桥。

安德里奇在回忆在维舍格勒的童年时这样写道:"我住室的窗户位于德里纳河的另一岸,面对穆罕默德巴夏·索科洛维奇大桥。小时候,每天上学从大桥上走过,常常是走一走、停一停,仔细揣摩每块桥石。小伙伴们在河边玩耍时,我就在大桥中间的那个被称作'沙发'的石头平台上聆听大人讲述关于大桥的故事……"

小说所描写的桥坐落于德里纳河上，这座11孔的石拱大桥始建于16世纪初，这是当时统治波斯尼亚的奥斯曼帝国为了巩固帝国统治，由宰相穆哈默德·巴夏主持修建的。关于这座桥的修建有一个这样的传说：

> 造桥工程异常艰巨，人们费了很大气力，但就是造不起桥来，河神对建桥竭力加以阻挠和破坏，每到夜间她就把白天造好的桥墩和梁架全部拆除。后来，从河水里发出一种声音，建议建筑师拉贽去寻找一对留在襁褓里的孪生兄妹，兄弟叫斯多亚，妹妹叫奥斯多，把他们放在中央桥墩里，这样，河神的破坏便会停止。后来，在警察的参与下，真的在一个偏远的山村找到了一对正在吃奶的孪生婴儿，将他们放进了桥墩……不过，善良的建筑师起了恻隐之心，特意在桥墩上留了两个洞，以便不幸的母亲由洞口给两个遭难的孩子喂奶。两个洞口虽然很小，只有城堡上的枪眼那么大，但设计得很精巧，后来成了野鸽出没的地方。几百年来，桥墩的石缝中常常有乳白色的细流渗出来，人们说那是慈母的乳汁……

这座大桥和维舍格勒城居民的生活发生的联系是如此地悠久，以至于在任何场合都不能把它们截然分开。这座大桥像一个饱经风霜的老人，向人们讲述着自己一生中难以忘怀的经历。在小说中，这座石拱桥被作者赋予了人类的灵魂和生命，作者写下了这座桥近500年生命中所经历的雪雨风霜。

小说中大桥的修建者穆哈默德·巴夏原是波斯尼亚人，小时候作为"血贡"被拉到土耳其禁卫军中，在长大后却投入了土耳其人的怀抱，成为了他们统治波斯尼亚的工具。

不过，当地信奉基督教的平民对这项榨取他们根本利益的工程充满了抵制，他们在乡民拉底斯夫的带领下进行斗争和反抗，后来拉底斯夫被土耳其统治者诛杀，在小说中安德里奇对土耳其统治者对拉底斯夫处以桩刑的过程描写道：

> 如同烤叉串小羊，不同的是，木桩的尖头不是从嘴里出来，而是从背上出来，鲜血从木桩的进口和出口处一滴一滴地往下流，在木板上汪了一摊又一摊。他的两肋上下起伏，颈上血管的跳动清晰可辨，他的一双眼睛一直不停地、慢慢地转动着。从他那紧闭的牙缝中透出喃喃的声音，"土耳其人……土耳其人……"他咒骂道，"造桥的土耳其人……你们不得好死……你们不得好死……"

在安德里奇的笔下，德里纳河附近的乡民们在拉底斯夫英雄形象的鼓舞下，他们组织过一次又一次的起义，起义的烽火传遍整个波斯尼亚。在进行过多种形式的斗争后，终于迫使统治波斯尼亚几百年的土耳其帝国由盛到衰，不得不退缩到遥远的南方海边。然而，波斯尼亚人民并未从此得到解放，土耳其人走了，奥地利人来了，他们又沦落到奥匈帝国占领军的铁蹄之下。

与土耳其人的野蛮不同，奥地利人看起来要文明一些，不过这层文明的外衣下却包含着阴险的内心。在作者的笔下，奥匈帝国修建银行操纵物价的行为使得当地的财富大量外流，物价上涨使得人民生活苦不堪言。土耳其人杀人用的是马刀，他可以让你人头落地。奥地利人用看不见的绳索将人绞死，它让你死去时连骨髓里的油脂都被榨得干干净净。愚昧野蛮的土耳其人，阴险毒辣的奥地利人，他们在近500年的统治时间里带给了这个民族太多的苦难与辛酸，在小说中，安德里奇写下这样一个情节：

> 在维舍格勒城，在整个波斯尼亚、塞尔维亚，到处都有罪恶的妓院，堕落的酒馆，害得人们倾家荡产的赌场。一个霍扎居然可以婚嫁三次，生下的孩子可以编成一个排。19岁的美貌姑娘，作为生儿育女的工具供50岁的老头子随意玩弄……

作者在对底层人物悲惨命运的描写有着自己独到的表现手法。在这部小说中，犹太女老板罗蒂卡、下等兵费杜拉、一个独眼的小丑这三个人物悲惨的命运使得小说的灵魂内涵和艺术表现力更进一步地体现了作者写作的绝佳能力。

与现在不同，在小说中的那个年代犹太人是低贱的名词，一个没有国家的民族在世界上是抬不起头的，小说中的大桥酒店的女主人罗蒂卡就是一个犹太人的寡妇。她依靠自己的女色努力地维持着酒店的经营，并用自己的积蓄和经营所得的收入来让周围的犹太人受到更好的教育，在文中她虽然卑贱却有着纯净的灵魂。在当时的动乱年代，可以说礼坏乐崩，人们过着麻木的生活，要么毁灭自己，要么带着其他人一起沉沦下去。由此看来，罗蒂卡的这种行为十分难得，文中作者赞美道："如果她不是生活在这样一个狭窄平凡的天地里，她也许会成为历史上有名的巾帼英雄，掌管着大家族、宫廷和国家的命运，把一切事情都处理得很好。"

然而，罗蒂卡没有改变自己命运的能力，在统治阶级的眼中，她仅仅是一只蝼蚁。大桥酒店后来在当局的压力与同行的排挤中破产，而罗蒂卡的积蓄也在奥匈帝国的银行和投资陷阱中变成了一堆废纸。她后来因为生活难以为继，不得不进入一个土耳其富人家，充当他的侍妾。从此，那个丰满美丽的女人消失在了众人的世界中。最后，罗蒂卡出现的时候已经变成了一个枯瘦的老妪，她的生命之火也很快就熄灭了。

小说中另一个主人公是一个外号叫"独眼龙"的老头，他出身卑贱，在一个小铺子里当杂役。他没有结婚也没有子女，在杂货铺里的报酬甚至不够自己吃饱肚子，不得已他靠着晚上在富人那里给他们表演杂耍赚取一些剩饭维持生计。他饱受折磨，未老先衰，一个不到50岁的人已经看起来像70岁的老翁。"独眼龙"的结局是悲惨的，长期屈辱的生活使他变得精神恍惚。有一次当地的富人让他表演自杀的情节，于是他爬上了大桥的石栏杆，从上面纵身跃下，结束了自己饱经折磨、备受屈辱的一生。

在小说前半部分中,下等兵费杜拉是土耳其驻扎在这座桥附近兵团中的一名普通的下等兵。因为自己的土地被贵人们圈起来做了他用,不得不来到了这里当兵以求温饱。在这里,费杜拉也过着和当地社会底层民众一样的生活。他虽然看上去是充满阳光的,但在他的内心中也是苦闷彷徨的。后来,因为没有认出一个土耳其贵人通缉的大盗而被以渎职罪绞死。可怜的是,这个所谓的大盗仅仅偷窃过一些不值钱的饰品和衣服还有一些食物。

在这部不到30万字的小说中,有很多章节是可以独立拿出来进行阅读的,但是这些独立的章节间却又是相互呼应和联系的。在这部反映波斯尼亚人民斗争的小说的前半部分,受到苦难的民众屡次揭竿而起却受到更加残酷的镇压。他们在黑暗中彷徨不安,这究竟是刚进入午夜还是黎明前的黑暗,一切还不得而知。

3. 创作《德里纳河上的桥》(下)

只有无知的、不懂事理的人,才认为过去的事情是僵死的,永远用一堵不可逾越的墙与今日的事情相分离。事实恰恰相反,人从前想的、感觉的和所做的一切,都不可分割地与今天我们想的、感觉的和所做的一切紧密地联系在一起。将科学的真理照射过去,那是意味着为今天的事情服务。

——《德里纳河上的桥》

进入20世纪,特别是巴尔干战争之后,波斯尼亚人民反抗异族统治者的斗争进入了一个崭新的阶段。如同塞尔维亚、克罗地亚人民一样,许多波斯尼亚革命者和进步青年,纷纷提出了争取民族解放、建立统一的南斯拉夫国家的民族诉求。与此同时,他们还建立了许多秘密组织来宣传他们的政治思想和主张,小说中的历史发展进程步入了一个新的转折点。

在小说的后半部分,社会党人马里奇和哥拉辛恰宁充满了免受异族压迫、解放民族的强烈斗志。他因为在饭馆里举行集会、发表激进演说而被捕并被驱逐出维舍格勒。青年的社会党人们虽然离开了波斯尼亚,但是他们在塞尔维亚重新点燃了革命斗争的烽火。在小说进入这个阶段,迎接读者的是扑面而来的雄伟壮阔的民族斗争画面和星星之火可以燎原的革命的信念:

已经觉醒的我国各民族的优秀儿女一定会行动起来。奥匈帝国这个各民族的大地狱,必将在他们的打击下土崩瓦解,同后来土耳其帝国在欧洲建立的统治分崩离析一样,受覆灭的命运……这一天一定会到来,因为时代的战斗在激励我们前进,各个被奴役的弱小民族,也在向统一努力。当代的民族独立运动定会克服内部各种派系的分歧，把人民群众从外国占领者的压迫和剥削下解放出来。那时，一个多民族的国家，将会出现在世界上。

南斯拉夫人民生活在巴尔干半岛上，这肥沃的土地上永远不会缺少的是被占领者的铁骑和锋利马刀砍下头颅时喷洒出的热血。自从拜占庭帝国统治开始，南斯拉夫人民就没有建立过由本民族占统治地位的政权。他们不屈不挠地斗争了数百年，才有了即将胜利的曙光。而反映异族统治与本民族斗争情节的小说《德里纳河上的桥》，不仅仅是一部具有纪实文学性质的历史小说，更重要的是，这部作品为我们铺开了南斯拉夫人民永不屈服地进行不懈斗争的历史画面。

这部小说发表于1945年的春天，而这时距离世界反法西斯战争欧洲战场胜利的日子已经越来越近了，在作品的最后一页的白纸上，安德里奇曾写下："1941年7月至1943年2月于贝尔格莱德"，从这里我们可以看出这部小说是创作于安德里奇隐居期间，这部小说也可以算作是安德里奇对内心感情描写的一个缩影。

1941年2月，安德里奇在写给国内的信中表示自己不愿意再在柏林逗留一天时间，德国的疯狂侵略使得整个欧洲生灵涂炭，而南斯拉夫政府的中立政策也被安德里奇视为短见和软弱。在这个时候，安德里奇认为双方到了该分道扬镳的时候了。

我们将话题转回这部小说，安德里奇的小说告诉我们独特的艺术构思、真实的形象塑造艺术的生命在于创新。《德里纳河上的桥》在寻求小说的新形式方面所取得的成就和经验是十分可贵的。

以历史为创作题材的小说有很多，他们虽然也是以一个国家或民族的兴衰为故事的主线，这些作品中历史进程所跨越的年限很短，缺乏空间的厚度，在人物的描写上没有了事件的衬托也显得华而不实。或者将事件描写得过于深刻，而在人物刻画上显得苍白无力，将一部小说写成了大英帝国百科全书。而像《德里纳河上的桥》这样一部仅用二十几万字的篇幅，就概括了一个国家450年历史的小说，不要说在南斯拉夫，就是在世界上也是罕见的。

事实上，这部小说既准确地概括了几个世纪以来维舍格勒城一系列重大历史事件(例如，1463年野蛮的奥斯曼土耳其占领波斯尼亚，奥匈帝国对波斯尼亚发动数次入侵，奥土之间频繁的战争，1912~1913年的巴尔干战争，斐迪南被刺，第一次世界大战爆发等等)，他在这段历史中间安插进去的主人公贯穿了整个历史的进程，而且每个主人公看似毫不相干，实际上却通过时间的主线有着紧密的联系。这也就使整部小说内容看似独立，实则联系紧密，拥有了形散而神不散的独特艺术魅力。

《德里纳河上的桥》是一部跻身于世界文学名著之林的现实主义小说。需要特别指出的是，这部小说创作于上世纪40年代初叶，在抽象派绘画艺术兴起后，文学流派也在向这一方向发展。这也使得在当时很多的作品虽然作者知名度很高，但是文章的内容却十分空洞和晦涩,许多读者往往抱怨不好看,或者看不懂。《德里纳河上的桥》这部作品却深深地扎根于民间文学的肥沃土壤,师承古典现实主义文学传统的小说作者安德里奇,在这样的大背景下完成了这样形式新颖的现实主义文学杰作,实属难能可贵。正如罗马尼亚文学评论家杜皮特罗·米楚所说:

> 二次世界大战期间,西方各种文学流派在南斯拉夫成为时髦。这部小说是一位与这些时髦流派毫无缘分的作家之作。安德里奇以现实主义手法创作了千古不朽、充满民主和人道主义精神的作品。根据这些,可以把它看作是南斯拉夫文学中富有生命力的正统派作品。

在西方各种文学流派盛行于南斯拉夫文艺界的今天,《德里纳河上的桥》仍然保持着当年出版时的声誉,被新老作家视为长篇小说的范本。这件事分明向我们昭示一个道理:今天现实主义文学依然葆其美妙之青春。安德里奇为南斯拉夫现实主义文学的发展所建立的历史现实主义流派小说直到今天仍为后人所熟知和推崇。

4. 三国会之《特拉夫尼克纪事》(上)

这里犹如伟大的画家们构思的画面一样,波斯尼亚变成了一个以灰色为主题的外域世界，一片被历史放逐的人所居住的贫瘠之地。

著名小说《特拉夫尼克纪事》是安德里奇创作的三部长篇巨制中的第一部。但这部小说的影响力由于种种原因不及《德里纳河上的桥》，所以这一部小说并没有按照创作时间顺序排在第一位，这篇小说的写作时间同样发生在德国法西斯占领南斯拉夫期间，在这段阴暗沉闷的时光里，有一次，安德里奇回到了特拉夫尼克城，向当地的居民讲述回忆了创作这篇小说的经过，随行的副手穆斯塔发·加菲奇记下了这次谈话，其中一段是这样讲的：

> 我是从1925年或1926年开始创作《特拉夫尼克纪事》的。我把记下来的材料带在身边大约有15年的光景。我搜集了大量资料，并且亲自到了特拉夫尼克，如同军人绘制真正的作战草图那样画了城市图，以便不忘记每条街在什么地方，在书里不把地方搞错。比如说，不把库皮洛街安在这里，也不把维来尼查安在那边……

这一堆东西摆在面前，我说一堆东西，是因为从报刊上剪下来的材料，装了整整一箱子。

现在，应该利用这堆东西写书了。根据自己最大的可能和尽量多的知识，我做了这些事情。回到屋里，呆在那儿，脚踏实地地努力了。为了不把事情搞乱，不出错，我甚至把有的事情刻在墙上。比如说，不要把某件发生在1808年的事情安在1806年。我还研究了所有的材料中设立领事馆时期，领事们来到以后的外交工作和社会活动关系的材料……

凭我的记事本和掌握的材料，我慢慢地艰难地写成了这部书。在那样的条件下，我没想过这本书有朝一日还能出版。我说是慢慢地艰难地写成的，是为了不欺骗你们。如果我说，这本书是兴高采烈一口气写成的，那我就是骗人……

我写了100年前发生的事情，有那么多年。我面前的事情，原来是活生生的，就像真实的现实中的生活那样。现在有的，事实上以前就有过。在历史上发生的事情和今天发生的事情中间，只存在一点区别，即时间上的区别，其他的区别不可能有。因为从前的人也是血肉之躯，他们是在另外一些社会条件下生活的人。很明白，他们带来了生活中的问题，个人的和集体的。带来了自己共同性的东西，也带来了具有个性的东西，经历了那短暂的而且并不总是轻松的生活。

我就是那样地工作着的，对已经发生的事情竭力以公正的态度对待，就像一个公正的人对待现实生活那样。给予每个人本来属于他的东西，而且用他的真实名字称呼他。对于我来说，从来不以从前和现在这一时间上的差别决定对事情的看法。我在路上捡到的某种凿石的一小块，它向我述说的事情，却说明了凿石的整体情况，它的一部分述说着曾经用过这种石头的人的历史。我们称作《特拉夫尼克纪事》的书，就是这样写成的……

这段文字的原稿至今仍保存在波黑国家档案馆，虽然时间已经过去60多年了，但这段朴实的文字却给我们留下了当时安德里奇内心的独白，这也是小说《特拉夫尼克纪事》创作的时代背景。

《特拉夫尼克纪事》是一部具有鲜明的现代意识的心理历史小说，它的内容都围绕着各国在特拉夫尼克设立的外国领事馆进行的。在小说中，自法国大革命开始到"热月政变"、"雾月政变"以及拿破仑率领的法国军队东征西讨，是这部小说发展的历史时代主线。这种以外国领事馆设立为创作题材进行创作的小说在东欧的文学上中开了一个伟大的先河。

特拉夫尼克这座小城，在小说中是三大势力竞相角逐的舞台，各国在这里的表演或狡诈或愚昧、或文明或野蛮，而幕后却是波斯尼亚这个在当时看来的荒蛮之地。在当时许多所谓的"文明人"看来，波斯尼亚是荒蛮的，这里似乎不应该有文明的存在。在这里，四大宗教势力犬牙交错，在漫长的历史过程中封锁了这里人们的精神，禁锢了他们求知的欲望。这里犹如伟大的画家们构思的画面一样，波斯尼亚变成了一个以灰色为主题的外域世界，一片被历史放逐的人所居住的贫瘠之地。

这片土地上激烈的利益争斗、各种势力相互渗透，安德里奇以自己独特的艺术表现手法再现了东方与西方两种不同的世界观与社会意识形态间的激烈冲突。这一冲突是在特拉夫尼克这座小小的城市里不同力量之间狡猾多变、无法看见的对抗的基础上显示出来的。所有来到这里的外国人，无论是东方的宰相还是西方的总督与领事，他们的生存环境的周围都存在着充满仇恨的注视。在这里几乎没有外国人能安全地独自生活，在作者的笔下，这里没有安全感的下层人民甚至几乎没有任何权利，包括生命有时都不属于自己。

在特拉夫尼克，伊斯兰教与其他宗教的争斗是东西方势力间关于政治、思想文化争斗的一个缩影。在这里两种截然不同的道德观形成了鲜明的对比，在奥斯曼帝国的统治下，穆斯林上层们贪婪狡诈，而普通的民众对相互间的钩心斗角十分热衷。奥地利人的民众对军国主义有着不可思议的狂热，他们总爱幻想着效忠帝国，在皇帝的领导下去征服一个又一个国家和民族。相对而言，法国人似乎显得温文尔雅，他们传播着本国大革命中的民主与自由，不过这种看似温文尔雅的外表下面是他们目无一切的自大与傲慢。

在这里，奥斯曼帝国所代表的东方守旧势力与奥地利、法国所代表的西方文化水火不容。不过穆斯林还是占到总人口的大多数，在上层人物的挑唆下，这里的人民对领事馆和外国人在内心中充满了恐惧和戒备。

不过在八年后，由于种种原因，领事馆制度被撤销了。法国与奥地利的使馆工作人员离开了特拉夫尼克城，这标志着西方新兴势力在与古老保守势力的争斗中暂时失败。奥斯曼帝国的精英分子，那些伊斯兰教堂的阿訇们、部落头人们欢欣鼓舞，他们认为自己的统治将会永远持续下去。

在这里，安德里奇站在一个民主者的角度，通过领事馆这条线索刻画出了这座城市中的芸芸众生相。这其中，有几个著名的人物构成了小说的主人公团体，他们是：法国领事达维尔、助手戴弗塞、奥地利领事米代莱尔、胡斯莱福·穆罕默德·巴夏、继承人伊布拉希姆·巴夏、塔希尔别伊、财会员巴基、武器保护者阿里·巴夏、领事夫人们和医生科洛尼亚。

5. 三国会之《特拉夫尼克纪事》(下)

他一闭上眼睛就觉得只有他一个人在世界上，被魔鬼的力量包围着，以最后尚还能疲惫地感觉到的一点力气在雾里和悬崖上奋斗着。

——《特拉夫尼克纪事》

法国领事达维尔是全书内容的核心人物，这已经成为许多文学评论家的共识。在作者的笔下，领事先生身上缺乏勇气与激情。这种与生俱来的性格缺陷使他在波斯尼亚这片精神贫瘠的土地上显得有些无所适从，安德里奇在小说中描写的达维尔对周围的人充满怜悯但却无力改变。

在作者的笔下，达维尔是一个精神疾病患者，不过他的生活却安静而节俭，这使我想起了德国的哲学家弗雷德里希·威廉·尼采，这两人的生活状态是有着一些相似之处的。安德里奇在文中写道：达维尔作为一个正直、健康、中间的人来到了世界上。他好像是一棵适应于温带气候的树，对社会和政治气候都是如此。他很会平静而俭朴的生活，不需要大起大落。他具有控制生存倾向，保持欢欣鼓舞的情绪的本事，甚至还有众所周知的保持诗人心态的本领。不过，他对生活、对人的这种倾向性，表现得并不自然，也未取得自己保证要获取的成功。但是这段描述不能改变这个人物有些悲剧的结局，他最大的失败就是不能正确地认知自己和他人精神中充满人性的力量。

达维尔在幼年时代曾经对着国王路易十四的画像幻想有一天要让国王知道自己的忠心，而在10年以后他24岁时在家中的密室里举起手中的佩剑发誓要将王权踩在脚下，他还把这种行为视为自己的勇敢的体现。安德里奇在小说中描写达维尔说他是："一个胆小怕事的人，左右摇摆的人，心态扭曲的人，徒劳的谨小慎微的人，过于感情用事的人，社会上有争议的人，缺乏信心的人，患有类似忧郁症的人。"

达维尔所做的一切在外人看来是有些荒诞的，这种外人的看法却极大地影响了他的内心，这个胆小的人成了一个悲观主义者。这使他陷入了他在动身去波斯尼亚之前就已经意识到生活中笔直的道路确实是不存在的。每条道路都是曲折的，从一个人的第一次转折开始，就有失败和失望等待着他。达维尔对革命失去了信心，虽然这信心在原来就不很坚定。在文学创作上他也没有很好的作品问世，甚至在思想彷徨时他还打算用旧的封建思想来武装自己的头脑。在安德里奇的笔下，达维尔与德国作家歌德有一些相近之处，后者在《浮士德》问世后就再也没有令人印象深刻的作品问世了。

法国大革命失败了，达维尔很庆幸自己的选择没有让在后来的执政者上台后向他报复。他写了一部讴歌亚历山大的作品，以此表达自己对拿破仑上台这个消息按捺不住的喜悦、兴奋之情。这使他感到在波斯尼亚的生活是如此美妙，"对付一切困难的安慰，对赋予他真实生活的一切，也找到了报偿"。这段话正是他当时内心的真实写照。

达维尔的助手戴弗塞的性格与达维尔形成了鲜明的对比，在小说中他有着坚定的信仰、渊博的学识和优雅的作风，他也是那种很容易与人交流的人。这与他在生活中亲身经历过法国大革命的浪潮的洗礼不无关系，他是一个真正的绅士，虽然优雅但也不缺乏坚韧不拔的个性。在安德里奇的笔下，戴弗塞是作者所创造的琳琅满目的故事人物中天性、生性开朗、快乐的人的典型。

在这部小说中，奥地利领事米代莱尔先生是与达维尔领事尖锐对立的人物。就如同当时的法国与奥地利两个国家相互仇视对方一样。与达维尔相比，米代莱尔先生没有忧郁症，他也不是政治投机人物。他的穿着打扮和行为举止体现着一种实实在在的军人气质，这位领事先生的确是军人出身。在小说中，他的青年时代是在军队做侦察兵度过的，后来进入间谍机构受过谍报训练。他因为刺探情报而在国内声名显赫，奥地利派他来这里担任领事也许是出自这方面的考虑。

对奥地利军国主义忠诚地、恪守纪律地服务，使米代莱尔先生成了一个机器。在危险的、充满野蛮的波斯尼亚土地上，在他鄙视的对象达维尔患上忧郁症的时候，米代莱尔先生在为帝国官僚机器和军事机械的服务中得到了满足和快慰。对他来说，没有比为上司写报告和为帝国思考问题更幸福的了。在帝国，一切都与数不清的法规制度、传统和习惯联系在一起。安德里奇在小说中是这样描写这个军国主义狂热分子的："一切都可以事先看到，一切都永恒存在，一切都不可改变，一切都由人长久地延续下去。这种意识让他心安理得。他激情满怀地沉浸在一种幻梦中。在梦里，他观看自己的帝国，仿佛那望不到尽头的队伍装束都很好，都是用帝国统一的闪闪发亮的服装装备起来的。"

土耳其人是小说中这片土地上东方势力的代表，安德里奇在文中精妙地描写了这些土耳其贵族和军人的独特内心及社会行为。在小说里面比较细致地刻画了这些东方人复杂的心理，安德里奇在这部小说中刻画了许多这样的人物。作为西方势力的死敌，胡斯莱福·穆罕默德·巴夏是他们中典型的代表。

胡斯莱福·穆罕默德·巴夏是特拉夫尼克的大臣，他总是显得十分傲慢，这个人在外人看来似乎没有办法真正的了解他，这一点和当时奥斯曼帝国的许多大人物一样。在小说中安德里奇曾这样描写他："那些在一贯的微笑中隐藏着真实的情感，在生动的语言中隐含着思想或缺乏思想的人的特点。"与他谈话的人，端详着穆罕默德·巴夏，产生了一种印象，他给人的感觉是一个："忠厚老实、通情达理的人，此人不只是会许下诺言，而且还做好事。从本质上看，这个大臣是个勇敢、纯洁、久经考验的人，除此之外，他还对上级领导很忠诚，是这些人物保证了他从事军人职业的可能性。他已经在埃及当了30年大臣。他是一个具有美好的愿望、幸福的天性、不可战胜的乐观主义的人。"

不过在小说里面，粗鲁得如同吸血鬼一般贪婪的性格才是他真实的面孔。这个人物与俄国小说家契科夫小说《变色龙》中的主人公奥楚涅洛夫是有着一些相似之处的，他们看上去都和变色龙一样，只不过巴夏的两张面孔给人的感觉更加深刻一些。

穆罕默德·巴夏的继承人伊布拉希·巴夏，也有两张面孔，在小说中他看上去面色总是很苍白而且僵硬的。由于面部缺乏表情，他的脸看上去如同刚刚入殓的死人，沉默寡言的他几乎不说什么话，只是用那张脸去面对与他说话的人。这就是他给人留下的第一印象，看起来是个寡言的弱智者。他的另一副面孔是通过他身上的穿着所体现的，在他身上穿戴着许多的金银首饰，这好似他看上去穿了一件黄金打造的铠甲，与他的长辈巴夏一样，伊布拉西·巴夏也是一个傲慢的人。不过他的傲慢看上去更加狂躁和富有攻击性，这使他看起来像一只穿着

黄金铠甲的斗犬。

在小说中，第三位土耳其人是伊布拉希姆·巴夏的副手和顾问塔希尔·别伊。在小说中塔希尔是一个诚实可信的人，他出身贵族家庭，家世显赫。这一点与许多奥斯曼帝国的上层人物是一样的。不过他的家庭却是土耳其国内的书香门第，这也使得他是作为一个博学多识且聪颖异常的人物出现在读者的面前。不过他的性格看起来确实有一些病态和古怪，在小说中他看上去是如此暮气沉沉，以至于许多人将他的实际年龄高估了许多。在小说中，他遇到困难时曾经惊慌失措，彷徨不安，不过在困难过去时他又会马上变得优雅和坦然。尽管困难或许不是他解决的，不过这并不妨碍他以一个胜利者的姿态出现在大家的面前。

负责财务进出的巴基看起来就是怨恨与憎恶的集合体，明道会教义中的"七宗罪"在他的身上得到了完美的体现。巴基贪婪，为了财物他可以不择手段，他对诽谤情有独钟，喜欢诬告在他来说不讨喜的人。他嫉妒那些能力比他强的人，这个人的身上所体现的全是人性的黑暗。这个人物的特点是很鲜明的，要知道一个人从他一出生就开始做坏事一直做到死亡是多么不易。

武器保护者阿里·巴夏，是安德里奇的大臣画廊中不掩饰自己真面目的人物形象。在帝国宫廷里，吸血鬼和最凶残的大臣的声音在跟踪他，好像他本人也在证实和说明这一点。他坚定不移地相信，人"连最美好的劝告和嘱托都能忘掉"，因此，也就没有必要动脑去想什么事情，从背后用脚掌对付一下就行了。这一切都在他身上或围在他的身边，似乎要证实他的血腥的罪行。他第一次来到维舍格勒城的时候，一位魁梧健壮的勇士，走在他那支可怕的队伍的前头，手里挥舞着一把明光闪闪的利剑。这幅进入特拉夫尼克城的画面，把阿里·巴夏的全部特点展露无遗。整个一生都与武器联系在一起，他本人就是一把利剑。

《特拉夫尼克纪事》中也有一些女性人物的描写，两位领事先生的妻子——达维尔太太和米代莱尔太太安娜，是作品中女性人物的核心。达维尔太太这个人物是安德里奇塑造的近代西方女性的典范。达维尔太太心地纯洁、开朗乐观。她为家庭和婚姻牺牲很多，恰似一个火热的革命者为自己的理想而献身一样。安德里奇是在特定的环境里完成对这一人物形象的塑造的。在文中，达维尔太太有着旺盛的精力，她的内心是充满阳光的。

米代莱尔的太太安娜·玛丽娅属于心理失衡的一类女士，她是一个德籍波兰男人和一个没有名字的匈牙利男爵夫人偷情的产物。卑贱的出身的刺激使她的精神敏感而脆弱，她强烈追求一切的统治欲望使她患上病态的狂想症。与中篇小说《阿妮卡的时光》中放荡的阿尼卡有些相似，安娜也喜欢给自己制造一种轰动效应。她也是一只喜欢在男人群中穿梭的花蝴蝶，希望受到男士的注意，让他们拜倒在自己的石榴裙下。然而，她外表魅惑而内心却是冷酷的，她总在追求爱情但是什么都难以得到。这样的女人在小说中无论对米代莱尔还是其他人来说，与她相处都需要莫大的勇气。

在《特拉夫尼克纪事》中，安德里奇借助领事馆的领事们发展了他关于东方问题、东方人以及东方历史命运的主题。在安德里奇的这部小说里，东方人是命中注定地分成基督和非基督世界、分成东方和西方的牺牲品。他们是"永久的解释者和中介人"，这种世界的很好的熟悉者，同时"在这方面和那方面，又是些可鄙的、令人怀疑的人"。在《特拉夫尼克纪事》里，这个"第三世界"是通过达乌纳、波塔和科洛尼亚几个人物演示出来的。东方世界，痛苦的穷困，永不停止的衰落，全部挤进解释者达尔纳的性格中。他成了一个没有幻想和疑虑的人。他机敏地懂得"何时该有良好的表现，何时该有勇敢的行动，何时有压迫行为，何时又该有喜悦激动的情绪"。

在政府的权力和富人的强大力量面前，他无限地忍让屈服，而在一切贫困和弱者面前，却是那么残酷无情。他的性格中的良好方面蕴藏着两种美德：对父亲怀有深深的敬爱之情；对自己曾经服务过的法国领事怀有尊敬之情。对于他来说，热爱年长的父亲，是对灵魂的净化和自救。对儿子的爱，使他从不道德的境域里得到净化。然而，一种秘密的希望促使他同法国领事馆接近起来，也就是说，他想通过达维尔让儿子取得到法国服务、接受法国教育的可能性。尼古拉·波塔是奥地利领事馆政策条文的解释者和公务员。安德里奇通过一些足以能展示人物道德品貌的细节，描画出他的肖像。此人形象丑陋，面目可憎，脸色忧郁，愁云密布，脾气暴躁，令人讨厌。为人处事总是见利而动，见势而趋。同比自己地位低下或相同的人谈话，常常是冷嘲热讽，出口伤人，言语粗鲁，惹人生怒。还是在的里亚斯特的父母家里时，他心里就产生了对贫穷的恐惧感。因此，他老早就下定决心：要不惜任何代价，一定要过上比较有保证和富裕的生活。

第三个东方人士科洛尼亚，是奥地利领事馆的医生，这个人在小说中似乎是作者留给我们的想象的空间。他在小说中没有出生日期，没有籍贯。人们除了知道他是奥地利人外，对于他其他的一切都一无所知。他很会左右逢源，甚至能以外部仪表不断变化而获得好处。他那最复杂的心理状态，总是不停地迅速地变化着，性格中的压抑、沉思、痛苦、由衷的欢欣、天真的狂喜和失态的兴奋。他唯一不变的是长久地连续地为奥地利领事馆服务，他顺从、不坚定。他在与对方交谈时会让对方心理觉得十分舒服，当然这种时候仅仅建立在对方的身份地位比他高得多的时候。他虽然是医生，但是他对死亡有着疯狂的迷恋。作者的笔下，这位医生甚至认为人总是要死的，生病了以后自然地去死岂不是十分美妙？

安德里奇通过这一系列个性鲜明的人物形象的塑造，反映了一个完整的世界。特拉夫尼克城是一个狭小的、沉寂的角落，然而，作者却让我们透过这个小小的天地，观瞻了东西方两种截然不同的文化，在这两种文化影响下形成的不同的生命状态。在小说中蕴涵的深刻的历史学、社会学与哲学内容使小说的内容和蕴涵的道理都无比深刻。

在当时的南斯拉夫文坛，刻画人物一直是那些作者作品中的"阿喀琉斯的脚跟"。而在这部《特拉夫尼克纪事》里，安德里奇却能为我们如此深刻细致地刻画出这座小城里的芸芸众生相，这可以算得上安德里奇为南斯拉夫文坛所作的杰出贡献之一吧。

6. 非历史小说《萨拉热窝女人》

在许多人看来，安德里奇创作的长篇小说所描写的情景是波澜壮阔的，他的小说往往都是历史时间与人物经历的完美融合。而作为他的代表作"三部曲"小说之一的《萨拉热窝女人》却推翻了这一观点，他所描写的主题是现实中关于人性与道德的话题。

从写作时间上来看，《萨拉热窝女人》完成并发表于1945年。在写作及出版时间上落后于另两部长篇小说《德里纳河上的桥》和《特拉夫尼克纪事》，但时间间隔不是很长。在连续进行两部历史类小说创作后，安德里奇能马上转变思维模式创作出这部反映人类道德与社会关系的小说是十分难能可贵的。

小说的主人公拉依卡·拉朵科维奇，她的职业是专业的民间借贷资金提供人,也就是俗话说的"放高利贷的"。拉朵科维奇的最大愿望就是希望通过不停地借贷使自己手里的钱越来越多。在她的心中最大的愿望是如何能把1个克朗通过利滚利变成数不尽的克朗。安德里奇采取传统的现实主义手法,深刻而冷峻地剖析了这个发疯追逐金钱的小姐,通过对这个全书的中心人物的刻画与分析,入木三分地揭露了金钱社会里富有者的荒诞与劣根性,挖掘出产生道德堕落的毒根。

安德里奇不是共产党人,他也不是精通经济学的知名学者和共产主义的虔诚信徒。然而他却在日常的工作与写作中发现金钱对人性的侵蚀与诱惑,这是十分难得的。这部小说的写作背景发生在南斯拉夫王国政府执政时期,但是小说所提出的问题,具有很深刻的社会意义。这部小说并不像许多文学评论家在他们的评论文章中将矛头直指资本主义制度,而是在文中更多地启示读者在生活中不要忘记对自身道德与灵魂进行自我修复与反省。因为"人非圣贤,孰能无过",在人性中贪婪也是"七宗罪"之一,我们不能杜绝这种思想,只能依靠正确的引导。

在这方面,安德里奇所创作的《萨拉热窝女人》这部小说的眼界视角要强于巴尔扎克、莫里哀、莎士比亚等所创作的那些讽刺贪婪者的作品。自然也比国内戏剧作家马林·德尔日奇、约万·斯戴里亚·波波维奇等所创作的作品要强上不止一星半点。

《萨拉热窝女人》这部小说中的金钱崇拜者与前辈作家

相比是有不小的区别的。小说的主人公既不是骨瘦如柴、头戴瓜皮帽的地主老财，也不是大腹便便，油光满面的商人，更不是面色青灰的中年男子，而是一个年轻貌美的姑娘。可见，对金钱存有贪婪心是人的本能，由财富积累而衍生出贪婪所传染的对象不分男女老幼。安德里奇曾经这样评价道：

> 莎士比亚和莫里哀在自己的喜剧中描写了吝啬的主题。我不提别的作家对这一永恒的主题的关注。对某些作家来说，这一主题是表现聚敛财富的恶习，对另外一些作家来说，是表现对金钱的贪婪欲望，即使是对某些名作家来说，这也是对生活的唯一正确的想法。同别人不同的是，我笔下的金钱的奴隶，是一个年轻美丽的姑娘……

安德里奇通过全新的视角来描写刻画一位吝啬的贪婪者，并能获得很大的成功，这表现了他敏锐的社会洞察力和高超的文学艺术表现力以及深厚的文学功底。

虽然安德里奇创作的《萨拉热窝女人》这部小说的主要写作范围是刻画金钱统治下的人类灵魂，但是在这其中，安德里奇没有放下自己的老本行，在其中巧妙地穿插了许多重要的历史事件，使得小说的内涵更加深刻。例如，奥匈帝国第一位继承人弗朗西斯·斐迪南在萨拉热窝被普林西普刺杀的一战导火索"萨拉热窝事件"、塞尔维亚反抗奥匈帝国侵略的历史片段，还有以自己流放为背景的其他历史事实……安德里奇在后来的一次非正式的访谈中回想自己创作《萨拉热窝女人》的画面："在我的这部作品中充满了矛盾冲突，有许多人物和丰富的思想。"这句话对我们进一步深入地了解《萨拉热窝女人》这部长篇的特点和价值很有帮助。

在小说出版发行后的头几年，有人曾对《萨拉热窝女人》抱有偏见。一些所谓的评论家认为安德里奇创作这部小说的目的是为他其他小说造势。为此，性格内向的安德里奇罕见地对这种论断进行了回击。在一次采访中被问及到上述论点他如何看待时，安德里奇对采访的记者说了如下一段话：

> 《萨拉热窝女人》是一部真正的小说，它要比我的纪事小说好得多。创作纪事小说，我是像做学问那样汇集材料，然后进行材料的梳理，设计作品的庞大的结构。而在《萨拉热窝女人》中，我只是从每日的生活中汲取材料，没使用任何一点档案中的书面材料。我的书具有最广泛的全人类性，最能被每个人所理解，适合于任何时间、任何读者——从最普通的读者到最温情脉脉的读者——阅读……

安德里奇的这段话并不是简单的自我吹嘘，《萨拉热窝女人》这部小说完全配得上作者的这番评价。这部小说内容丰富，所描写的内容繁多但毫不凌乱。作为一部反映人性的小说它还有历史事件作巧妙的联系，使得作者安德里奇依旧不失自己作为历史小说家的名头，总的来看《萨拉热窝女人》是安德里奇所创作的许多长篇小说中艺术性与鉴赏性都十分突出的上上佳品。

7. 反法西斯的胜利

1941年至1945年，经过五年的艰苦战争，南斯拉夫各族人民终于取得了反法西斯战争的伟大胜利。南斯拉夫民族获得了久违的自由。首都贝尔格莱德也获得了一个"历经40次战火而不毁灭的名城"的美誉。不过不能否认的是贝尔格莱德历经多次战火而不毁灭的事实，这座城市就如同南斯拉夫这个民族，坚强而永不屈服。

五年的战争使贝尔格莱德失去了10万居民，工业设施被毁坏一半，3万幢房屋有1.3万幢成了废墟。在公园里，在全市的一些主要街道上，弹坑、碎石、瓦砾随处可见。战争的硝烟虽然散去，但是留给这座城市的是弹痕累累和满目疮痍。由于战争带来的饥荒使许多人在贫病交加中死去，所以在城市的郊外，新建的坟茔与空中盘旋的乌鸦构成了这座城市凄凉惨淡的画面。南斯拉夫民族是坚韧、勤劳与聪慧的，他们靠着自己的双手和从西方得到的先进的机械。在很短的时间内将贝尔格莱德重新修缮完工，在当年的报纸上曾这样描写重建后的贝尔格莱德：

> 铁托元帅大街和米哈依尔亲王大街的石板路，被洗刷得干干净净。一盆盆鲜花，迎着行人绽开粉红的笑

屠，一栋栋哥特式风格的高楼，被霓虹灯装饰得格外雄伟、庄严。在广场周围，那五颜六色的鲜花，远远望去仿佛给这古老的首都铺上了一大圈厚实雅致的花地毯。沿着人民议会大厦前面的林荫大道向东走去，那宽宽的足有10公里长的革命大街的两旁，战前是一片低矮的住宅区，而今，在共和国的阳光下，一排排五至六层的崭新建筑接连而起，给陈旧的贝尔格莱德增添了新的色彩和光辉。

沿着这条绿色大街向西而行，一直可以走到位于多瑙河和萨瓦河汇合口的卡尔麦戈丹公园。这座保存着具有中世纪特色的城堡的丘陵公园，也焕发出青春的魅力。那一座座生动逼真的文化名人和革命英雄的雕像，标志着一种崭新的意识形态的诞生；那一片片用奇花异草装饰起来的图案，象征着另一个时代的开始。站在卡尔麦戈丹公园的高处向四外望去，穿着一般，甚至有些陈旧的工人、国家干部和青年学生，面带笑容地走向工厂、机关和学校。从他们那洋溢着乐观精神的谈话中，从他们那发自内心的笑声里，人们可以明晰地察觉到时代巨变的音响和人民前进的脚步声。

而城堡西边的萨瓦河、多瑙河河面上不时的有经过的南斯拉夫货轮，这些货轮响亮的汽笛声更是标志着南斯拉夫民族借着重新获得独立与自由的契机将会在以后发展的道路上更进一步。时代在前进，历史在巨变，生活在沸腾，人人都在转脑筋。

这时的安德里奇十分喜欢散步，他经常独自从普里兹伦大街居住地一直走到卡尔麦戈丹公园，耳闻目睹这日新月异的变化，他在日记中写下这样一段话：

> 自然，这是一场激烈的战斗，但首先它是一次革命的胜利。一切都将发生变化，因为每一次革命都要摧毁陈旧的价值法则，创造自己新的一套，以此替代之。每一次革命都有自己的梦想。这一点我是知道的，我也曾经历过一次……

南斯拉夫人民的反法西斯斗争使许多不同思想的人与社会主义武装革命者紧紧地联系在一起。安德里奇对人民反法西斯的斗争所持的立场是非常明确的："从感情和抉择上来说，我站在人民及其进行的解放斗争一边。"因此，即使新政府有些出入，但是作为民族主义者，他依旧对这次南斯拉夫重获自由感到欣喜。

在那一年，安德里奇已经53岁了，已经到了知天命年纪的安德里奇，换上了一件很时髦的风衣，头戴一顶给自己增加不少风度的灰礼帽，一副黑框的近视眼镜。这副打扮更加重了大作家、名学者的气派。在贝尔格莱德被占领的岁月里，安德里奇过着深居简出的生活，除了朋友与学生，他几乎不与任何人交流。这时的安德里奇是颓丧与懒散的。

基于这样的一种心态，安德里奇创作完了被后人称为"三部曲"的史诗小说（《德里纳河上的桥》、《特拉夫尼克纪事》和《萨拉热窝女人》）后，也不拿出去出版。他向外界声明过，在当时那样一种特殊的形势下，不论是新作品，还是旧作品一律都不想出版。而现在，他却一反常态地活跃起来。首都贝尔格莱德是1944年10月20日被游击队收复的。在过往的文献中记载着安德里奇的一些行动：

新政权采取强有力的措施，当在斯莱姆和南斯拉夫西部地区，激烈而残酷的战斗还在继续进行的时候，安德里奇在首都的生活却逐渐地恢复了正常。贝尔格莱德解放两天后，安德里奇接到了"启蒙"出版社(塞尔维亚著名的出版社，战前是贝尔格莱德有名的出版商盖查·孔的私有财产。战争期间，盖查·孔与家人一起被德国法西斯枪杀)的信。写信的人是乔道米尔·敏戴洛维奇。信中写道："为签署出版您的书的协议，请您到我们这里来。如果有可能的话，请您最好在上午9时至12时来。致以敬意……"

安德里奇因为曾在南斯拉夫王国的政府部门工作，在国外接受过不一样的教育，并且与西方资本主义世界有着千丝万缕的联系。所以新生的社会主义政府认为他不是一个彻头彻尾的革命者，所以对他的印象并不是很好。不过因为他在东欧乃至世界文坛的卓越成就，铁托政府还是给予他足够的尊敬。在贝尔格莱德刚解放两天，"启蒙"出版社就决定出版他的书，这就是尊敬的最好说明。安德里奇虽然内向但他并不愚蠢，他很快明白是怎么回事，所以爽快地答应了"启蒙"出版社的请求。与此同时，安德里奇还把其他作品交给该出版社出版，还借着这个机会与当时文艺界的作者们重新建立了联系。

在新的作家协会里，拉道万·卓果维奇和当时人人皆知的米洛万·吉拉斯是最早与安德里奇交往的社会主义文艺人士。吉拉斯与安德里奇交情不错，二人还一起在卓果维奇家里进过午餐。吉拉斯是位在战火中成长起来的作家，对安德里奇这位在反人民制度下面担任过高级外交官的著名人物有过这样的评价：

> 他是一个四平八稳的人，为人处事非常谨慎，以至于能迫使每个在场者都能采取同他相似的立场。他在我的眼里留下这样的印象：在他心里不存在无价值或虚假的东西。我从来没听到他讲过任何一句批评曾侍候过的老当权者的话，虽家师主译托家部主国和然他对南斯拉夫帝国组织机构或他们执政的环境条件没有高深的见解。他书生气十足，竟没看到已经成为定局的革命变革的含义和长期性⋯⋯

吉拉斯在日记里还写下了这样一段话：

> 安德里奇有好几次要求我接待他，这些几乎都在私人交往的范围，无政治方面的问题⋯⋯他变得是那样的忧郁寡欢，闭口无言，竟然对任何人也不接近，对每个人都彬彬有礼、殷勤起来⋯⋯

吉拉斯的这两段话，对我们了解安德里奇当时真实的情绪和心境很有帮助。一方面，他为人民的胜利而兴奋；另一方

Chapter 4　第四章　巅峰之作"三部曲"

面，在与文艺界要人交往中，有时心情还有些压抑。通俗一点讲，在解放后最初的日子里，颇受尊敬的安德里奇常常是夹着尾巴做人。这就是有着特殊经历的外交官作家，在特定的环境里形成的特殊心理和情态。

这种心理和情态，自然要在这一时期的作品中有所流露。不过，由于他文名太盛，在南斯拉夫各民族中几乎无人不晓。因此，社会各界特别是文化、文学和出版界，对他还是很尊敬的。继贝尔格莱德"启蒙"出版社同他签订了出版《德里纳河上的桥》之后，贝尔格莱德国家出版机关和萨拉热窝"光明"出版社，还分别同他签订了出版《特拉夫尼克纪事》和《萨拉热窝女人》的协议。各家出版社的行动相当快，稿子取走后，未过一年，即1945年，就把三部长篇小说全都印了出来。这在印刷技术还相当落后的二十世纪40年代实在是一件不寻常的事。

安德里奇还算幸运，因为他在南斯拉夫社会主义联盟建立的初期，在后来称之为"红色清洗"的各界清算活动中毫发未伤。在这期间，许多作家和各界人士都受到了打击和迫害，甚至有许多人死于非命。不过由于安德里奇在文坛上的地位，在此期间获得了一系列的荣誉：

1945年被选为波斯尼亚—黑塞哥维那人民议会代表和联合人民议会代表；1946年被宣布为塞尔维亚科学院院士；长篇小说《德里纳河上的桥》荣获南斯拉夫文化与艺术委员会奖；同年他还当选为南斯拉夫文学家联合会第一任主席。

在对外文化交流方面，安德里奇也是一个十分引人注目的人物，1945年他被选为波斯尼亚—黑塞哥维那与苏联文化合作协会主席；1946年还被选为南斯拉夫与苏联文化合作协会副主席；1945年，他随南斯拉夫作家代表团两次访问保加利亚；1946年，作为南斯拉夫文学家联合会主席访问了苏联。在莫斯科、列宁格勒（今圣彼得堡）、斯大林格勒（今伏尔加格勒）和巴库，他看到了许多有趣的事，回国后写了《斯大林格勒印象》、《在涅维尔斯克大街上》等一系列访苏文章，并结识了爱伦堡、法捷耶夫、吉洪诺夫、西蒙诺夫等著名作家；1948年，随南斯拉夫代表团出席了在波兰乌洛斯拉夫召开的世界知识分子代表大会……

这些荣誉的获得是当时铁托政府给他的肯定与褒奖，这也为他在1961年获得诺贝尔文学奖提供了良好的舆论环境，要知道自他以前，诺贝尔文学奖还从未在巴尔干半岛上停留过片刻时光。

Chapter 5

IVO 第五章　平静的生活

1. 首次到访土耳其

> 居科,想起来了吗?你称我是古往今来土耳其最伟大的作家。
>
> ——安德里奇

1953年5月中旬,在驶向伊斯坦布尔的火车上有一位61岁的老人,他看上去文质彬彬,戴着黑色的方框眼镜。可能是长时间乘坐火车,他看上去有些风尘仆仆,不过精神还算不错。这就是伊沃·安德里奇先生,这是他作为南斯拉夫新政府文化代表团的一员来土耳其进行访问的,当然了,这也是他本人第一次踏上这个90%以上国土面积在小亚细亚半岛而政治经济中心却在欧洲的国家。

安德里奇与土耳其特殊的情感可以说得上是由来已久了,在他所创作的大部分小说中所描述的历史环境都是土耳其,要么是奥地利统治下的巴尔干半岛上的人民是如何的生存困难,要么是民族英雄是怎么样英勇抗争的。这使我们对这位作家的土耳其之行可能会发生的点点滴滴充满了好奇。

如果要是有人把安德里奇的这次土耳其之行看成小说《德里纳河上的桥》的乡民拉底斯夫与苏丹的对台戏的话,在这里只能奉劝您一句,回家先把《世界上下5000年》读完再来说别的。

在火车站上,他受到居科·朱穆呼尔的欢迎。提起这位先生,他在当时的土耳其享誉已久,被人称作是"作家与写生画家",这样形容他不是因为他既会写文章又会画画,而是说他的文章能细腻深刻地反映民众的生活,就像写实主义画家创作的油画一样。一见面,他马上上前同安德里奇诚挚地握手,同时还有些内疚地说:"真害羞!古往今来,土耳其最伟大的作家来到了伊斯坦布尔,可是,除我之外,任何人也没来车站欢迎你!"

当然,这句话是个玩笑,因为那时南斯拉夫政府访问团的成员基本上是保密的,朱穆呼尔能知道安德里奇来访问已经算得上神通广大了。不过,他的这句玩笑却让安德里奇感受到了这位土耳其作家的真诚。在以后每次见面,他都带着玩笑性质和这位作家打招呼:"居科,想起来了吗?你称我是古往今来土耳其最伟大的作家。"

安德里奇在土耳其还见到了居科的父亲,从老人那里,安德里奇了解了许多这个新结识的朋友的许多糗事。同时,安德里奇还在好友的带领下游览了伊斯坦布尔。这座城市始建于公元前658年,后来因公元324年时,罗马大帝君士坦丁迁都至此,而更名为君士坦丁堡。在公元1453年奥斯曼帝国定都于此,改名君士坦丁堡。在这座享誉欧陆的历史文化名城里,安德里奇呆了不短的时间。托普卡匹皇宫、圣索菲亚大教堂、考

古博物馆、苏雷曼尼亚清真寺，土耳其国家博物馆都留下了他探寻历史、感悟文化的足迹。

安德里奇还到布尔萨、伊斯密尔和安卡拉几座土耳其名城参观访问过，怀着强烈的愿望观瞻并学到了许多东西。与朱穆呼尔朝夕相处的几天，使安德里奇受益匪浅。在安卡拉，当他看到凯末尔纪念馆时，安德里奇向这位"土耳其国父"的墓碑鞠躬并放上一束白色的鲜花，以表达自己对这位近代土耳其资产阶级革命先驱者的崇高敬意。安德里奇乘着白色的小游艇，游历了金三角和博斯普鲁斯海峡，他们畅游黑海，直到尽兴而归。朱穆呼尔后来在一篇回忆文章里写道：安德里奇玩得很开心，他还向我说道："我知道了，这地方肯定就是'罪恶的牢院'的所在地……"

多少年来搜集到的关于《罪恶的牢院》的历史资料和动人的传说故事，一直在安德里奇的脑海里编织着情节的网络，但就是缺乏对故事发生地的实际感受，因此总觉得在写作时感到有些晦涩难明。这一次土耳其之行，仿佛给他上了一堂生动活泼的关于土耳其历史知识和民俗学的大课，对于该国的民族地理、风俗习惯、文化底蕴，都有了更直接、更贴切、更准确的把握。因此，借着这个机会，安德里奇十分顺利地完成了这部在后来颇受赞誉的长篇小说《罪恶的庭院》。

小说出版后，在文学界和广大读者中间引起强烈反响，得到极高的评价。出版不到半年，就荣获了南斯拉夫文学家联合会的嘉奖，刚刚退出全国文学家联合会主席岗位的安德里奇，又被拥戴为塞尔维亚文学家协会主席。

2. 超短的长篇小说《罪恶的庭院》

> 看这两个人一边工作一边说话的情景，不禁使人感慨一个人一死，就两手一撒，什么都不会带走了。尽管是生前细心收集的珍爱的物品，死后也不再被需要了。人亡物在，终将被移至他处。
>
> ——《罪恶的庭院》

《罪恶的庭院》这部小说粗读一遍后给人的感觉是小说讲的好像是一个修道士或许是因为不信奉伊斯兰教而被奥斯曼帝国的官员抓起来后关在牢里受罪的故事。但是如果深入进去就会发现，这部小说所描写的实际上是在奥斯曼帝国统治下的人们被高压折磨得难以忍受的种种惨剧。奥斯曼土耳其的监狱,实际上是当时波斯尼亚民众生活的象征。在这个监狱里,各种各样的人被关在同一个屋檐下。杀人犯与骗子可能会与理想主义者还有疯子呆在一起,而强者与弱者、机灵鬼、还有纯洁的人做了牢房里的邻居。恐惧者、沉默寡言的人、多嘴多舌的人、疯子、贪婪鬼,甚至是幻想者、慈善家、纯洁的受苦人也会住在一起。

　　小说中这座罪恶的牢院,已成为一切时代暴政的象征。对于考证野蛮残暴的奥斯曼土耳其对巴尔干许多国家长达四个世纪的滔天罪恶,具有重要的历史价值和认识价值。

　　《罪恶的庭院》这部小说如果翻译成中文的话只有不到9万字,如果使用宋体5号字在word文档中展开的话也不足55页。就小说的字数来看,这部小说勉强够得上是一部长篇小说,但是就小说的内容的容量与所表现的人物和历史形态来看,《罪恶的庭院》完全可以称得上是一部史诗级的巨作。

　　《罪恶的庭院》是由几个相对独立而又有着紧密联系的故事组成的,这部小说也可以把它当作一部小说集选来进行阅读和鉴赏。这部由典狱长卡拉、焦兹的故事,倒霉的彼得法师坐牢的故事,还有恰米尔可怜不幸的遭遇。还有土耳其内部的悲剧故事,年轻的苏丹泽姆在统治阶级内部不被喜欢而生活悲惨,最后也来到了这里的故事。还有在这个牢房里已经疯癫的哈伊姆进一步疯了的故事,完整地再现了作者对奥斯曼帝国统治者的切骨痛恨和深刻的讽刺。

安德里奇依靠自己高超的写作手法组建了一个严谨的小说结构框架，使得这部小说看似独立的情节、荒诞的故事背景和作者的思想主题紧密地联系在了一起。小说中，彼得法师的故事是全书结构中的第一个链环：彼得法师来到这座城市出差，被当地的警察当作一个邪恶的阿尔巴尼亚教徒而送进了监狱。在那里，他怀着一种好奇心，观察着被捕者和掌管监狱的统治者们色彩杂乱的世界，过着苦日子。无辜的彼得法师，怀着一颗纯洁敏感的心，以一个观察家的眼光，注意观察各种性格不同的人，结识了许多囚犯，甚至与其中的某些囚犯建立了秘密的友谊。在冷冰冰的监狱大墙中间，人很需要这种友谊，就像需要水和面包一样。彼得法师最终被释放出狱，又回到静悄悄的修道院里，不过经常感到需要讲一讲自己坐牢的经历和在那里的所见所闻。

彼得法师的故事，是小说结构的主框架。安德里奇有意识地为这位不幸的法师设计了被白茫茫的大雪覆盖着的天地难分的环境，一个个荒诞惑众、扑朔迷离的故事，如同影视镜头一般拉开了：彼得法师的故事是全部故事的第一环节，即整个作品结构的基础和主体场景。小说的开头和结尾，全被他和生活环境——白茫茫的大雪所笼罩，象征坐牢者的苦难是无穷无尽的。在彼得法师讲述的故事中引出了哈依姆，哈依姆又讲起恰米尔命运中的一些事情。

小说的高潮部分是第三个讲故事的人所讲述的自己所遭受的苦难，这个叙述者就是恰米尔自己。他遭到严刑拷打，受尽了高压和审讯的折磨，痉挛中还知道，他的悲惨的命运与年轻的苏丹泽姆并无两样，并对自己的判决作出了推断："我跟他一样！"于是，小说便转到了对年轻的苏丹命运的描述。整个小说的内容，就是通过这样一些链环紧紧地连结起来、滚动起来。小说的结构仿佛一个皮球，旋转自如，毫无破绽。

这样的一种结构，具有相当大的收容量，在南斯拉夫各民族文学史上是绝无仅有的。这也是安德里奇长篇小说创作中的标新立异之作。在这部很短的长篇里，安德里奇通过不同的故事，塑造了恰米尔、彼得、哈依姆几个具有鲜明个性的人物形象，成为南斯拉夫当代小说人物画卷中独具特色的栩栩如生的典型。

后来的南斯拉夫文学界以及世界上的许多文学评论家一致认为，小说《罪恶的庭院》是塑造反抗时代暴政与压迫的化身。这也使这部小说具有了强大的感染力和催人奋进的灵魂力量。

3. 与中国的友谊

眼睛不能让心儿得到充分的满足，永远也不能全部地得到满足。我们不晓得那种渊源出自何处、不能察明同生活全部关系的现象之美，使我们大为着迷，犹如愈来愈能唤起更大欲望的传奇故事一般令人百看不厌。

——安德里奇

在当时，新成立的南斯拉夫政府在整个世界的政治舞台上扮演了一个很独特的角色，他热情好客，是国际中不结盟政策的坚定倡导者，这也使得这个国家的知名人物在当时世界上有很不错的人缘。

南斯拉夫有许多作家酷爱旅行，这和他们天性洒脱、喜欢交友的性格有很大的关系，在这方面，安德里奇可以算得上是他们中的代表人物。在第二次世界大战结束后不久，他就两次访问保加利亚和苏联。另外，他还访问了波兰、法国、土耳其等国家，结识了包括爱伦堡、毕加索等世界文化界与艺术界的知名人物。

安德里奇曾经于1956年9月到中国访问过，并且他还参加了纪念鲁迅先生逝世20周年的纪念活动。当时，安德里奇已经64岁了。这位老人在访问中国的30天里用自己的笔记录下了自己在中国所见到的点点滴滴，这些文字经过整理和编辑就是后来的长篇文学《相会在中国》。这部长篇纪实文学在1957年的春天刊载在《战斗报》上，这是当时南斯拉夫国内最为知名的平面媒体，地位等同于中国的《人民日报》。后来，许多书籍也发表了他的其他一些文章和札记。透过这些洋溢着热情与真诚的文字，我们依稀可以看见这位知名作家对中国人民真挚的感情和对中国的深深向往。

安德里奇与斯洛文尼亚作家费利甫·库姆巴道维奇，在1956年9月30日下午4时，来到了北京并在新侨饭店下榻。傍晚6点，安德里奇接到了出席中华人民共和国成立7周年庆祝活动的邀请，并见到了毛泽东主席和周恩来总理。他在日记里写下了自己这段十分激动的心情：

> 我们住在新侨饭店，下午6时马上就去出席盛大的招待会，在那里结识了周恩来……看到了毛泽东，他是一位带着和善的老者面容的非凡人物。

第二天，也就是1956年的10月1日上午，安德里奇与其他外国友人在天安门一同观摩了中华人民共和国成立7周年的国庆阅兵仪式。在夜里，他还与同行者观看了五彩缤纷的焰火。"焰火——比所有国家的东西都更具有幻想性。"他在日记里写道。

在此之后，安德里奇还参观了故宫、天坛、长城等名胜古迹。除了北京之外，在主人的精心安排下，安德里奇和他的同行者还访问了上海、杭州、绍兴和广州。在绍兴，安德里奇饶有兴致地参观了鲁迅先生故居。

在安德里奇逝世五年以后，即1980年3月，《政治报》将他的访华日记连载发表。访华日记与前面的《相会在中国》一起组成了安德里奇的"中国印象"。在这些作品里，安德里奇在详细记录了自己的访华行程的同时，在文中还充满了对中国人民的敬意：

> 眼睛不能让心儿得到充分的满足，永远也不能全部地得到满足。我们不晓得那种渊源出自何处、不能察明同生活全部关系的现象之美，使我们大为着迷，犹如愈来愈能唤起更大欲望的传奇故事一般令人百看不厌。

安德里奇在工作人员的安排下，他还兴致勃勃地在中国的广东一带参观和游览，中国南方小镇的独特风情与田野间交错纵横的水路，都给他留下了深刻的印象。其中，他印象最深刻的当属中国南方广阔分布的水稻田了，他在日记中写道：

> 在细细的稠密的雨丝下面，铺展着一片片稻田。这辽阔的景象，在古老的中国画上可以见到。农民戴着草帽和用稻草编织的蓑衣。妇女和老人打着黄伞。到处都很湿润，展现出灰黑色的肥沃的丰美的黏泥；人们靠它生活，生命走到尽头时，便在这黏泥中躺下来。丘陵坡地上垛着蓑笠般的稻草垛。妇女们怀里抱着孩子，行走在田地中间的道路上。这里的妇女抱孩子不像是负担重荷，而像是抱着宝物，好像在不停地拥抱他。而姑娘和小伙子们陪同年迈的父亲和母亲，用一只手搂着肩膀，用另一只手在他们头上擎着伞……

安德里奇访华的时间是在1956年，这时，中国国内刚刚完成了社会主义农村改造。当时，农村还见不到现代化的作业机械，而且水稻田也难以进行机械化作业。不过，农民的淳朴与勤劳却深深地感染了安德里奇，让他重新认识了这个世界上最勤劳和朴素的民族。在回国后他以朴素、感情洋溢的文字，记录了那历史瞬间的真实情况，显示了一位大手笔的慈爱与真诚。

4. 鲁迅逝世20周年祭

> 鲁迅的风格是建立在中国文化的伟大传统和吸收外国文学中最优秀的东西的基础之上的。
>
> ——安德里奇

在前面我写到过，安德里奇的这次中国行的另一个重要日程就是参加纪念鲁迅先生逝世20周年纪念的活动。对于鲁迅，安德里奇并不像其他的外国人那样对他的生平显得陌生，相反，安德里奇对鲁迅是有比较深入的了解和研究的。他曾经在日记里热情地赞美鲁迅的一生是"整个的一生都是为争取摆脱外来束缚的解放事业而斗争的一生，同时也是为争取从僵死的传统中解放出来、为加强同世界其他国家人民的精神生活的联系而斗争的一生"。

他对鲁迅重视尚处在外国压迫者统治下的东欧各国人民的文学，特别转译了塞尔维亚19世纪大作家《拉扎·拉扎莱维奇的短篇小说选》，深为感动。他在文章中说："手里拿着已经发黄的开本不大的拉扎·拉扎莱维奇的短篇小说选，站在书架前，我觉得这能帮助我们更好地理解鲁迅，理解他辛苦劳作的全部含义和伟大的思想。"

在50多年前，南斯拉夫与中国的文化交流是很少的，更不要提鲁迅逝世时的1936年了，那时候的南斯拉夫还是叫南斯拉夫王国的。而安德里奇能在这样信息匮乏的历史背景下对鲁迅有如此的了解和研究是十分难能可贵的。他所写的《相会在中国》中有关鲁迅的评价是南斯拉夫文学界对鲁迅最早的评价，在整个南斯拉夫文化领域里所产生的影响是可想而知的。还须指出，安德里奇在他的21年外交官生涯中去过许多的国家和地区，许多社会各界人物，能被他选上并写入自己文学作品的可谓凤毛麟角。可是鲁迅不仅入选了他创作的17卷文集，而且安德里奇在《相会在中国》的这部纪实文学里给予了鲁迅很高的评价，说"鲁迅是中国当代进步文学的始祖"。

安德里奇给予中国很高的评价，特别是他对与毛泽东先生与周恩来先生的会面感到十分兴奋并将他们写入自己的文章。要知道，当时的南斯拉夫作家对各个国家的政治人物并不十分感兴趣，这点从当时比较知名的南斯拉夫文学作品里是可以找到佐证的。而像安德里奇这样通过与政治人物的交往作为行程主线来写作，也可以从一个侧面来说明他对中国的极高兴趣和良好的观感。

在安德里奇由中国回到贝尔格莱德一个多月以后，中国派出了以著名作家刘白羽先生为团长的中国作家代表团回访南斯拉夫，而身为南斯拉夫文学家联合会领导成员和塞尔维亚文学家协会主席的安德里奇十分高兴,他亲自来到贝尔格莱德机场迎接这些中国来的朋友。根据刘白羽先生的回忆,在安德里奇先生和他的同事们周密的安排下,我作为代表团的一员访问了现代化的大都市萨格勒布、风景如画的卢布尔雅那、亚得里亚海上的明珠里耶卡、古老的具有威尼斯文化氛围的杜布罗夫尼克、保留着中世纪文化特色和景观的茂斯塔尔,以及融合了东、西方三种宗教和文化的英雄城萨拉热窝。

使刘白羽和其他中国作家永生难忘的是,在安德里奇的亲自陪同下,中国作家代表团到达贝尔格莱德城郊的阿瓦拉山下,接受了南斯拉夫民族英雄、共和国总统和军队元帅铁托的接见。安德里奇热情、友好的态度,给中国作家留下了极其深刻的印象,刘白羽后来在《铁托同志》这篇美文中,赞扬安德里奇,说"他是一个朴素而诚挚的老人"。

1956年的中国之行,加深了安德里奇对中国人民的友情。这种感情直到安德里奇的晚年依旧让他难以忘记。1974年10月,为庆祝中华人民共和国成立25周年,南斯拉夫有关方面在贝尔格莱德人民博物馆举办了"中华人民共和国历史文物展览"。已经82岁高龄的安德里奇参加了这一次的外交活动,然而谁也没想到这竟是这位老人所参加的最后一次外交活动了。

在5个月后的1975年3月,安德里奇与世长辞,他离开了他所钟爱的民族和国家。在安德里奇逝世之后,中国与南斯拉夫的文化交流因为这位老人的推介而变得频繁了起来。他的代表作长篇历史小说《德里纳河上的桥》、中短篇小说集《情妇玛拉》，以及"获诺贝尔文学奖作家丛书"之一的《安德里奇作品选》被翻译成中文与广大读者见面。至此，安德里奇那广阔的胸怀和人格魅力也就更为广大的中国人民认识与熟知。

5. 花甲新郎安德里奇先生

> 这样一位大名鼎鼎的作家，难道非要如此茕茕孑立，苦度余生不可？
>
> ——安德里奇的好友印象

安德里奇在学生时代曾经感受过爱情带来的欢愉和失去时的痛苦，他在国外求学时认识了一个美丽的姑娘，不过那个女孩却因白血病在他被奥匈帝国政府流放的前夕去世了，这也使得安德里奇痛苦万分，并在当时险些死去。

每一个国家和民族的女性都有着自己独特的个性，不过这也是有例外的。或许是南斯拉夫国土毗邻地中海的缘故，境内的塞尔维亚族、克罗地亚族和阿尔巴尼亚族的姑娘们和西班牙、意大利与法国的女人有着许多的共性。她们热情而奔放，她们喜欢的男士或许在外人看来并不是那么魅力出众，然而她们却觉得十分合适。并且对于爱情，女人们争取的十分积极。她们好似玫瑰般的妖艳，也像一些寄生的藤类植物追求宿主一样地追求属于自己的爱情生活。

南斯拉夫的男人与中世纪的贵族有些类似，他们喜欢刺激的感受或许胜过对爱情的执著。南斯拉夫人把感情生活看似是人生中寓教于乐的游戏，这对于传统的东方人来说是显得不可理喻的。南斯拉夫人婚姻和爱情的界定是十分宽泛和自由的。所以说我们对安德里奇在67岁时才步入婚姻的殿堂也不要那么大惊小怪，毕竟在当时的南斯拉夫乃至欧洲终生不结婚的也是大有人在的。

安德里奇在初恋女友病逝的时候也是谈过几次恋爱的，但是最终双方都没有走到一起。这是有许多原因的，我们不能仅仅依靠主观的臆断来说安德里奇可能是喜新厌旧，这是十分不负责任的。从安德里奇过往的一些书信和日记中，我们没有看到任何他曾经与自己交往的任何女性发表过具有诋毁字眼的文字，所以从这点来说，安德里奇在感情方面其实是一个为人处事十分正派的人。

虽然从档案资料上我们无法获取这期间安德里奇感情生活匮乏的原因，不过有一点是可以肯定的，那就是大作家伊沃·安德里奇先生直到65岁时还是光棍一个，他的生活与二战时隐居在贝尔格莱德时完全一样，住在贝尔格莱德普里兹伦大街9号朋友家里，经常到"莫斯科旅馆"用餐，独自一人在大街上散步，散步的路线也是从住处走到卡尔麦戈丹公园后，再沿原路返回。安德里奇的好友们曾经不止一次地哀叹道：

"这样一位大名鼎鼎的作家,难道非要如此茕茕孑立,苦度余生不可?"

人总有时来运转的时候,在1958年9月,安德里奇先生终于要结束他半个多世纪的单身汉生活,而步入婚姻的殿堂了。他的伴侣是当时贝尔格莱德人民剧院著名的服装设计师米丽查·巴比奇·伊万诺维奇。这位服装设计师在当时也是个大美女,在当时描写婚礼现场的文字中曾经对这位女士有过这样的描写:

> 这是一位身材细挑而不失丰满,眉眼俊俏而不失庄重,热情开朗而不显轻佻,温柔多情而绝无妖冶浪态,年近五十而风韵犹存的女性。她49岁了,但那白里透红的圆脸配上恰到好处的淡妆……再加上乌黑的波浪起伏的长发,给人留下一种三十刚过的成熟女郎的强烈印象。

安德里奇的朋友们对他十分羡慕,在他即将结束单身汉生涯的同时能找到这样一位如此完美的伴侣。安德里奇在后来曾经创作了一部非常著名的中篇小说:《举世无双的女人叶莱娜》,在仔细阅读过这部小说后,许多人惊人地发现小说的女主人公叶莱娜就是以他的夫人米丽查为原型创作的。因为就温柔、热情和爱心这些特点而论,小说中的叶莱娜就是现实生活中的米丽查的翻版。许多人或许不了解内情,米丽查是做什么的,她为什么会选择一位比他大17岁的男士作为自己的伴侣呢?从她的姓氏上来看,她是结过一次婚的,那她的前夫又与这件事有什么关系呢？

米丽查的祖籍是波斯尼亚萨马茨镇，米丽查的父亲斯戴万·巴比奇是一位在当地十分有名望的富商。在后来的一些资料里，我们找到了米丽查的一些信息：

米丽查自幼天资聪慧，从小就对于艺术有着浓厚的兴趣。在1925年—1929年期间，她在维也纳艺术技术学校读书，曾经在法国巴黎一家纺织厂实习过一年。1931年，22岁的米丽查回到南斯拉夫，在人民剧院附属戏装学校工作。从这时候起，她就在戏剧服装与道具设计方面崭露头角，得到了同行的一致认可和好评。1933年时，她就认识了当时从马德里卸任回国的安德里奇，不过当时两人因为身份地位的悬殊而没有任何交集。不久，她便与新闻记者、翻译家奈纳德·约万诺维奇结婚。

1941年4月，贝尔格莱德被德国法西斯轰炸之前，奈纳德在南斯拉夫驻柏林使馆任新闻参赞，米丽查停止了在人民剧院的工作，随丈夫到了柏林，兼任《政治报》时装专栏记者。在那动荡的年代里，在国外特殊的环境中，奈纳德和米丽查夫妇与安德里奇成为最亲近的朋友，彼此过往甚密。再后来，贝尔格莱德遭到轰炸，南斯拉夫被卷入战火，安德里奇护送使馆工作人员回国，这使得米丽查夫妻对安德里奇在亲近之余又多了一份感激。

1945年8月初，南斯拉夫人民阵线代表大会在贝尔格莱德召开。会上，安德里奇成了人们爱慕、注意的人物。他利用短暂的时间，会见了一些老朋友和老相识，例如像奈纳德和米丽查夫妇那样的人。在萨拉热窝的"欧罗巴"旅馆，安德里奇记下了这样一段蕴含着丰富、复杂感情的话。这段话对考察安德里奇和米丽查之间的感情历程很有参考价值：

> 我们彼此深深地含情脉脉地注视着，好像我们不能再见面了似的。我们互相说一些以前未赶上机会说出的话。顺着窗户，整个生命拧在一起了，成为一个生命，它不是过去，但也不是现在，多少有一点既是过去又是现在的感觉。这事影响我工作，好像从前曾影响过我，把我从充满活生生的真实的欲望的家中驱逐出去那样。

他们虽然彼此间有了好感，但是双方仅仅将这段感情埋藏在内心的深处，直到1957年2月28日米丽查的丈夫奈纳德因患癌症去世才变得波涛汹涌。他们每周要通一封信，安德里奇告诉米丽查每星期五给她写信，但常常按捺不住激动的感情写信提前发信。"我无时无刻不在想你"、"热恋你的橘子"等青年恋人在情书中惯用的话语，竟在安德里奇写给米丽查的信中频繁地出现，甚至在一次次献给米丽查的鲜花中，也要写上几行火辣辣的情话。

经过两年的交往，安德里奇与米丽查觉得是到了该结婚的时候了。1958年9月下旬，首都贝尔格莱德文艺界传播了他们即将结婚的喜讯：

封闭了几十年，一向孤孤单单，把全部精力都投入到文学工作中的安德里奇，将于9月27日与贝尔格莱德人民剧院的戏装大师米丽查举行婚礼。婚礼是在贝尔格莱德市中心"古城协会"举行的,证婚人是安德里奇的老朋友、著名作家和诗人、第二届南斯拉夫文学家联合会秘书长亚历山大·乌乔及其夫人尤丽雅娜·鲁拉。

前来祝贺的人很多,其中有来自斯普里特的玛娅·尼塞蒂奇。这位热心肠的女士,对新郎新娘讲了许多祝福的话。谦恭有礼的安德里奇,对她的致词表示衷心的感谢:"对您的祝贺和诚挚的祝愿,致以谢意。我的妻子在斯普里特有亲属,现在应当经常回到那一带地方。她向你表示感谢,对你,她也有像你对我们那样的友情。这一友情把我们联系在一起已经很多年了……"

67岁的安德里奇终于有了自己的家。现在他才真正地理解了婚姻带给一个男人的是怎么样的一种幸福和喜悦,也理解了一个完整人生究竟包含了哪些东西。安德里奇和他的亲友们对米丽查是十分满意的,他们评价说:

> 米丽查是一个能说会道、举止文雅、精明强干的女人,料理家务十分内行,里里外外滴水不漏。她干起事情来洒脱麻利,言谈话语落落大方,社会交往经验丰富,是安德里奇心满意足的内务大臣和外交部长。论文化,她是在维也纳、巴黎见过大世面的留学生;论家务,她是赫赫有名的服装大师,非但能设计最新的款式,更擅长裁剪,亲手缝制的衣裙与贝尔格莱德米哈依尔亲王大街最繁华的服装商店橱窗里的展品并无两样;

论仪表神态，前面已有描述，这里只再补充一句：只要她从人群里走过，男女老少人人都会转过头来多看她两眼，以为是哪位电影明星或歌舞团演员来到了他们中间。

米丽查的情绪很好，一年半以前丧夫后聚集在脸上的愁云惨雾被发自内心的喜悦、兴奋的神色取而代之。她的同事乔哈吉奇回忆说："米丽查当时高兴的劲头，真是没法说。她家的大房间面对花香四溢的儿童公园，环境本来就够惬意的了。新婚以后，她怀着强烈的爱和抑制不住的欢喜，把家里的一切重新布置装饰了一番。她喜欢紫色和灰色，不仅自己的房间，就连安德里奇的房间，也按这种色调精心调整、装饰一遍。她非常爱安德里奇，一谈起来，语调就充满柔情蜜意。

听得出来，米丽查对安德里奇这位新郎是可心可意的，她想以自己的温柔、爱情和理解，驱除他一生中的孤寂与苦闷。安德里奇对米丽查这位新娘的爱，可以说达到了如痴如醉的程度。现在，他再也不是非去"莫斯科旅馆"就餐不可了；在大街上散步，也不再是独自一人面对馨香浓郁的郁金香、玫瑰浮想联翩了；写作疲劳时，再也不要仰卧在床上，望着白白的天花板呆呆出神了。相反，这时候，米丽查那白皙柔嫩、犹如少女一般动人的双手，就会轻轻地落在他的肩膀或脖颈上，让他感到无限的温馨、舒畅和幸福……

关于安德里奇婚后的甜蜜感受，著名女作家雅拉·雷布尼卡尔有一段精彩的回忆文字，这段文字可以被理解为安德里奇对新婚的喜悦并对即将开始的美好人生的憧憬。

……伊沃终于结婚了。结婚以后,他在《政治报》上发表了中篇小说《举世无双的女人叶莱娜》。有一天,他和米丽查邀请我到他们家里吃晚饭。我问他:"叶莱娜那位女人是举世无双吗?"他十分肯定地点了点头。在他们那里是多么惬意!人都忘记是跟谁坐在一起了。顷刻间我们都成了普普通通的人。这是他的魔力……

Chapter 6

第六章　获得诺贝尔文学奖

1. 安德里奇的婚后生活

> 我们早晨起来往葡萄园去,看看葡萄发芽开花没有,石榴放蕊没有,我在那里要将我的爱情给你。
>
> ——《新约全书》

中国人有句职场名言:"男女搭配,干活不累。"说的是两性搭配工作比同性搭配干活的效率要高,这在近几年的办公室工作效率调查中得到了印证。

安德里奇与米丽查的结合从一方面说也是对这句话最好的印证。婚后,安德里奇和米丽查的通力合作,工作效率不是一般的高。就像是一台高功率的太阳能发动机全速开动,安德里奇的名气加上米丽查的高效以及助手的全力配合,这也使得安德里奇的事业想不兴旺都难。与此同时,继巴尔干半岛各国连续翻译出版《德里纳河上的桥》以后,上世纪50年代欧美不少国家也掀起了一股翻译出版这位"巴尔干荷马"的作品的热浪。在安德里奇个人年表里有这一时期他的作品被广泛翻译的记录:

先是瑞士的苏黎世一马当先将这部长篇小说翻译出版(1953年),紧接着,巴黎、莫斯科、华沙(1956年)、伦敦、莱比锡(1958)、柏林、台拉维夫、乌普萨拉、安特卫普(1959)、纽约、赫尔辛基、奥斯陆、斯德哥尔摩、法兰克福、慕尼黑、米兰(1960)等名城也争先恐后地将它译成相应的文字出版。与此同时,翻译出版《特拉夫尼克纪事》、《萨拉热窝女人》以及其他作品的国家也逐年增多。截至1961年年底,翻译出版《特拉夫尼克纪事》的城市有莱比锡(1958)、柏林(1959)、华沙(1960)。翻译出版《萨拉热窝女人》的城市有布拉格。一些中、短篇小说在欧洲许多国家被翻译,在报刊上发表,更是常有的事。

随着作品在国内外广泛地被出版发行,安德里奇的威信也越来越高。1959年2月末,塞尔维亚科学与艺术院的老院长亚历山大·贝利奇因病逝世。这是一位资深的科学家,自1937年就担任院长这一重要职务,也是安德里奇的老朋友,对安德里奇很尊重,怀有非常好的印象和看法。同样,安德里奇对贝利奇也怀有如此的印象和看法。贝利奇病逝后,人们理所当然地想到谁继任塞尔维亚科学院院长这一问题。有人积极推荐安德里奇。然而,出乎大家预料的是,安德里奇以身体健康状况不佳为理由,拒绝了这一建议。

克罗地亚著名诗人、学者古斯塔夫·科尔科莱茨自萨格勒布给安德里奇写信说:"……你若说我身体好,那我就要骗人了;完全相反,我躺着,希望不醒才好。不是,即使这么简单的愿望,都不能让我得到满足。"

显然,科尔科莱茨是以自己身体欠佳为理由,不想再参与国家或集体的事情。安德里奇并不欣赏他这种懒散的生活态度和方式。于是给他回信说:"……你的信以那样一种灰溜溜的调子收了尾,我应当至少给你寄上两句话,就像伸出握得紧紧的友谊之手一样:不要投降,老人!你的年迈的伊沃向你致以良好的祝愿和衷心的问候。"

这期间,在笔记本里他还写下了这样一段令人肃然起敬的话:

> 当我被迫谈论自己的文学"天赋"和专业,谈论自己个人的发展、一生的目标和工作的时候,讲起话来如同盲人谈论颜色和云彩一样。

在另外一则纪事中,安德里奇又写道:

> 倒是有一个可以保护我的事实。我经常听到人们谈论我,就像谈论一个有觉悟的好工人一样。可是,我最清楚自己是一个什么样的工人,知道自己在生活中白白地浪费了多少时光,有多少工作没做完就撂下了,有多少任务没有圆满地完成,甚至这些任务没有完成牵涉到别人的损失和收益。就是现在我的工作也挺怪,不正常。

安德里奇是一位在南斯拉夫乃至整个欧洲都享有盛誉的大文学家,他有很高的名望。身边围绕着许多荣誉的光环,但他为人处事却如同在学生时代那样谦虚严谨。而有些人,刚刚发表一两篇习作,就俨然以大文豪自居,甚至自我感觉诺贝尔文学奖都会是自己的囊中之物了。这样强烈的反差,不能不使人想起一句流行于巴尔干各国的古老谚语：果实丰饱的麦子，谦恭垂头藏内秀；颗粒干瘪的稗子，狂傲昂胸随风抖。

在当时，知名作家和大学者被邀请向年轻人作报告，给他们传授经验，这是司空见惯的事。然而，名声大振的安德里奇却几乎从不出席这种活动。下面，我通过几个例子来证实这个观点：

在1959年年底，南斯拉夫国内的青年学者、作家德拉斯科·莱杰甫，曾经以"青年论坛"的名义，邀请安德里奇到诺维萨德讲学。而安德里奇对莱杰甫的邀请回答道：

……涉及到可能到你们那里出席晚会的事，我只想对您讲一下个人的惶恐不安。萨格勒布、萨拉热窝以及其他地方的各种类似的机关，曾多次邀请我出席这样的活动，可是，我总是请求他们解放我，因为我的身体不能到各种地方参加需要讲演和回答问题的活动。到头来大家都看到了，也理解了这一点。而现在，您还亲自看到，除了那一切原因之外，还有这样一点：我以相同的形式，参加另一个地方类似的活动。这是不体面的。抓住我立刻答应你们的邀请，这可是唯一的一次这么干。参加这次活动，我可能向自己和别人证实，我的"出席"意味向参加这种活动滑坡？为此我们应当再仔细地想一想，谈一谈……

而与此同时，南斯拉夫著名的诗人、评论家、文学史家、诺维萨德大学哲学系教授、塞尔维亚文化教育协会主席穆拉丹·莱斯科瓦茨也对安德奇发出邀请，请他到哲学系给学生作系列性讲座。还说"青年论坛"也邀请他到诺维萨德，请他也能答应邀请，不过，到那里不用讲话，只出席晚会即可。安德里奇对此马上答复道："那么说是要我坐着，沉默不语，就像一个乔装打扮的土耳其人一样。此事不妥……"

莱斯科瓦茨收到安德里奇的回信后，又给他寄了一封信，说无论如何他应当到诺维萨德大学给学生作关于彼得·科契奇的系列性讲座。虽然五年前安德里奇已在那里讲过课，但那时的学生都毕业了，如今的在校生未听过。末了再一次提到"青年论坛"邀请他出席晚会的事。尽管莱斯科瓦茨是一个很有身份的人，而且请求又是那么恳切，可是，安德里奇还是毫不动摇地拒绝了后一项请求。

莱斯科瓦茨的信是1960年2月11日发出的，第二天安德里奇就收到了，并且当天就回了信，再一次明确地作了答复：

> 昨天，"青年论坛"的同志们到我这儿来过了。在此之前我还没收到您的信。您现在提出的与他们相同的建议，我已经明确地对他们做了答复。他们理解我的原因，因此，我们很容易地达成了协议，取得了共识。我将给系里的学生作关于彼得·科契奇的讲座，时间是星期五下午5时。对"青年论坛"组织的晚会，我将选些材料送给他们，以此作为帮助，但晚会我不参加。我想，这是最好的办法，大家都将感到满意。我相信晚会一定会开好，因为您要亲自到场讲话，而且玛丽娅·茨尔诺

波莉还要朗诵……

这几件事在有些人看起来只是些许不起眼的小事，然而，也有许多有真知灼见的人从中看到了一个追求实际、厌弃虚名、踏踏实实工作、堂堂正正做人的安德里奇。安德里奇的这种种行为不能不引起我们对自己和社会的深刻检讨与反思。

2. 喜讯传到了贝尔格莱德

  如果我通过自己文学的劳作，真的也能为增加我们国家的荣誉作出一点贡献，并且能为您的祝贺效力，那我永远都感到幸福，您的祝贺对我们每个人来说都是最美好的承认。忠实于您的人向您问好并向您致敬……

——安德里奇

1961年10月26日，南斯拉夫的主流平面媒体——南斯拉夫通讯社发布了一条振奋国内的喜讯：瑞典皇家科学院作出决定，将1961年度的诺贝尔文学奖授予南斯拉夫作家伊沃·安德里奇。

消息刚刚发出去，国内外记者便一窝蜂似的拥入安德里奇的新家里，当时，安德里奇像往常一样，吃完饭后去外面散步活动，不过吃饭的地点就不是莫斯科饭店了。他从市区的家中一直走到卡尔麦戈丹公园,然后优哉游哉地向回走,对于诺贝尔文学奖究竟花落谁家他看起来并不太感兴趣。这就苦坏了在安德里奇家中蹲点苦守的记者们了,他们拿着照相机、闪光灯,焦急地等待着南斯拉夫第一个、也是巴尔干诸国第一个诺贝尔文学奖得主的归来。后来,有参与采访的记者回忆了当时的情景:

屋子里的电话丁零丁零地响个不停,那是来自斯德哥尔摩、巴黎、罗马、维也纳等地的著名新闻机关的祝贺和慰问。记者们急不可待地守候在屋子里、楼道里、楼外边高高的橡树下。等着,等着,安德里奇终于迈着稳健的步子回来了。他激动地、惊喜地向前来祝贺的人们点头致谢,看得出来,他很不适应这样一种喧喧嚷嚷的场面和氛围。不过,他还是竭力让自己扮演一个热情好客的主人的角色。

这时候,瑞典驻南斯拉夫大使馆临时代办莱奈·贝尔丁来到了安德里奇的家中,向他献上一束鲜艳的玫瑰,然后向他表达了自己的祝贺。同时,他告诉安德里奇他能够力压其余的大作家和诗人获得诺贝尔文学奖的诺贝尔评审团的官方解释:"因为你的作品从你的祖国的历史中摄取题材,并以史诗般的气魄描绘这个国家和人民的命运……"

就在摄影记者不断操作机子闪出耀眼光芒的时候,安德里奇激动得连话好像都说不清楚了,不过他还是尽自己的努力讲道:"我要最真诚地告诉你们,我没料到自己会得奖。我很受震动,很惊奇。开始的一瞬间,我不相信我真的会得到这一崇高的承认；这一承认对我个人和整个南斯拉夫的文学都是崇高的。这不，本来我是回家吃午饭的，可是却得到了如此美好的祝贺……"

安德里奇的妻子米丽查和岳母卓尔卡、好多客人自动为来宾服务，浓咖啡送到每个人的手上。人们热烈地没完没了地交谈着。安德里奇21年的外交生涯使他成为了名副其实的语言大师，在接受采访的同时，他用塞尔维亚语、英语、法语、意大利语、西班牙语和波兰语简明扼要地回答国内外记者提出的问题。采访中的安德里奇高兴得像一个孩子，甚至根据摄影记者的请求，安德里奇还像演员一样，摆出各种姿势，供他们拍照，并且向前来祝贺的人们致以衷心的谢意。

当天在前来祝贺的人们中还有著名的漫画家别尔·科里查尼奇和中等经济学校的一群小伙子和姑娘。尤其是这些青年学生的到来给这一自发的祝贺会增添了青春的活力。安德里奇异常激动地从他们手中接过一束束芳香扑鼻的鲜花，向他们致以特殊的感谢，可以说，这一天是安德里奇一生中最幸福的时刻。安德里奇已经年近古稀了，虽然连续的采访使他感到十分的疲劳，但是在当天晚上，在贝尔格莱德文学家俱乐部大厅里，他还是举行了一次记者招待会，并在会上对记者提出的问题作了令人满意的回答：

"对大家今天提出来的全部问题，可以把它们归纳为三组：我有什么感受？我在想什么？我的目标是什么？

对于第一个问题，我可以立刻明确地予以回答。此时此刻我心里的主要感受是一种难以表达的感谢之情。我首先要感谢瑞典科学院，然后要感谢提名我荣获这一奖赏的我国的许多机关和个人，感谢支持这一提名的国外的许多机关和个人。我还要感谢一切时间里在我的生活和工作中所有帮助过我的人。而我对他们常常连几句感谢的话都没来得及说。

我在想什么？我在想，借此机会，我的国家通过文学获得了一种国际承认。

我的目标是什么？对此我要真诚地回答你们。我的目标是焦急地等待我身边发生的我尚未习惯的这一震惊和这整个的节日气氛赶紧过去，我还是在自己平常的单调的工作日里生活为好。对于我来说，工作日是最伟大的节日……"

年逾古稀的安德里奇在这时脸上似乎又泛起了年轻人特有的光辉，这光辉在这深秋的夜色里是那么富有神采和魅力。讲了这几段话之后，他稍微停了一下，深情地望了望越来越多的听众。然后，又以更加自豪的语气接着讲道：

"……南斯拉夫的荣誉，特别是最近20年来，在世界上大大地提高了。鉴于此，世界便关心起她的精神生活来。世界各国出版了400多部南斯拉夫作家的作品。因此，我的作品的出版并被人们承认才成为可能。我知道，奖赏只能发给一个人，因此，我觉得我只是一个获奖的代表，奖赏带来的荣誉是属于我们整个国家和全国各族人民的……"

安德里奇的这番话给人以发自内心的忠诚感，这番即兴演说也得到了在场所有人的一致的掌声。

安德里奇荣膺诺贝尔文学奖的喜讯，通过新闻媒体传遍了千家万户，祝贺电报雪片般地飞到贝尔格莱德无产阶级旅大街2号。在这一份比一份更加热情、更加真挚的电报中，邻居家沃依斯拉夫·约万诺维奇·马拉姆波的电报尤为引人注目：

　　……我无法用语言来表达自己激动和喜悦的心情，从来未听到过的消息传到我的耳边。昨天晚上，广播电台所有的语种和频道都广播了这一特大的喜讯……谢谢您！

让安德里奇更感到欣慰的是，他还收到了南斯拉夫总统铁托元帅的电报。这让他感到十分激动，于是安德里奇怀着这种心情给总统先生回了电报：

　　如果我通过自己文学的劳作，真的也能为增加我们国家的荣誉作出一点贡献，并且能为您的祝贺效力，那我永远都感到幸福，您的祝贺对我们每个人来说，都是最美好的承认。忠实于您的人向您问好并向您致敬……

确实，正像安德里奇所说的，诺贝尔文学奖是安德里奇一个人所得，但这绝不是他一个人的荣誉，这一荣誉是属于南斯拉夫各族人民的，也是属于英雄的祖国南斯拉夫的。出于这种考虑，南斯拉夫政府作出了以派遣国家高级代表团的规格护送安德里奇赴瑞典领奖的决定。这种以政府出面护送诺贝尔奖得主的行为，在当时还尚属首次。

3. 斯德哥尔摩领奖

"阁下，您的奖状上写着，诺贝尔文学奖所以颁给您，是'因为你的作品从你的祖国的历史中摄取题材，并以史诗般的气魄描绘这个国家和人民的命运'。"

——安德斯·奥斯特

1961年12月5日清晨，一架普通的民用飞机搭载着安德里奇和他的夫人米丽查还有随行的其余人员，最重要的是这架飞机上装载着南斯拉夫乃至巴尔干半岛的荣耀，由首都贝尔格莱德向斯德哥尔摩飞驰而去。途中在奥地利首都维也纳和童话之都哥本哈根作短暂的停留后，在经过长途飞行后抵达了瑞典首都斯德哥尔摩。

斯德哥尔摩是斯堪的纳维亚半岛上的第二大城市，仅次于有"波罗的海女儿"之城的芬兰首都赫尔辛基。不过,这并不妨碍她作为世界上最美丽的城市展现在世人的眼前。斯德哥尔摩边境比邻着大量的湖泊,湖泊内群岛星罗棋布。遮天蔽日的森林和闻名世界的立体交叉道路构成了这座城市独特的名片。这里吸引了各国的游记作家和画家,更以本世纪以来最具权威和影响的诺贝尔文学奖,给全球第一流的天才作家、诗人插上了攀登艺术世界的珠穆朗玛峰的翅膀。在安德里奇到来之前已有57名不同国家和民族、不同人种和肤色、使用不同语言的真正的文化精英,越过千山万水来到这里,登上了梦寐以求、终生向往的文学圣坛,戴上了千载不朽、万代流芳的文学桂冠。

今天,在斯德哥尔摩又迎来了一位新的作家,他来自波斯尼亚的维舍格勒小镇。他做过外交官,周游过世界上30多个国家和地区,因为长篇小说《德里纳河上的桥》获得极大的成功,他的名字叫做伊沃·安德里奇。在这里,他将成为这一全世界文学最高奖的第54位得主,全世界成就卓著的作家、艺术家。这使一切关心诺贝尔文学奖的人们,又把目光投向了斯德哥尔摩,渴望看到授奖仪式的庄严场面。他们希望看到这位以创作历史题材小说而闻名于世的"巴尔干荷马"。

1961年的12月10日,这一天终于到来了,在距离圣诞节还有半个月的时候,这一天也是阿尔弗莱德·诺贝尔逝世65周年纪念日。按照诺贝尔奖颁奖仪式的过往惯例,1961年诺贝尔文学奖授奖仪式将会在斯德哥尔摩宏伟的音乐厅隆重举行。前来出席这一盛大仪式的人很多,在庄重、威严的音乐声中,瑞典国王夫妇及家属,瑞典王国政府高级官员,政界、文化界、社交界著名人士,诺贝尔文学奖得主及其夫人井然有序地走进大厅。瑞典科学院院士安德斯·奥斯特林博士首先致词,对安德里奇小说的艺术成就给予了很高的评价。通过这些资料,我们可以还原这次颁奖的盛况:

"本年度的诺贝尔文学奖已决定颁给南斯拉夫作家伊沃·安德里奇。他在自己的国家里,被认作小说艺术的能工巧匠。"

"在德军占领期间,安德里奇被迫过一种隐遁的生活。他不仅保存了性命,还完成了三部出色的小说。在摇山撼谷的枪炮怒吼声中,在空前巨大的民族浩劫的阴影下,这三部曲(指《德里纳河上的桥》、《特拉夫尼克纪事》和《萨拉热窝女人》三部长篇小说)的完成,实在是一项无比感人的文学成就。"

"在经过艰苦而严格的自我磨炼之后,他发现自己应当重返他所谓'列祖列宗存留在我们潜意识中的那些永恒而又可贵的遗产'中。于是,他就开始运用史诗式的客观文体来写作,而且从此笔耕不辍。这一连串的小说创作活动使他成了民族自觉意识之源头——亦即祖先经验的诠释者。"

奥斯特林博士首先从安德里奇小说的主题与南斯拉夫民族历史斗争的紧密结合作了精彩的评价。然后,对在当时由安德里奇创作的最为著名的4部小说《德里纳河上的桥》、《特拉夫尼克纪事》、《萨拉热窝女人》和《罪恶的庭院》作了独到的点评。

对《德里纳河上的桥》这部小说,奥斯特林博士评价道:"在世界的这一个奇异角落里,德里纳河之桥是每一重大历史事件的发生地。于是,在德里纳河河水雄浑奔腾声的伴奏下,安德里奇所描绘的地方性事件逐渐变大,最后终于成为世界史上英勇而又血腥的一幕。"

对《特拉夫尼克纪事》,奥斯特林列举了这部小说中所描写的三个国家(奥斯曼土耳其、法国、奥地利)与四种宗教(伊斯兰教、基督教、犹太教和当地传统的拜火教)间犬牙交错的利益纠葛,做出了恰如其分的评价:"从这部小说广阔的视野,以及对复杂主题的纯熟驾驭中,我们再度领略到安德里奇的功力。"

对《萨拉热窝女人》这部小说,奥斯特林博士没有做很高的评价。因为他认为安德里奇的长处是历史小说的创作,而这部小说的创作显然不是安德里奇的强项。他评价道:"它虽然在人物刻画上极为成功,但安德里奇真正的才华——讲故事的才能并未得到充分的发挥。"

然而,对《罪恶的庭院》这部被后来人善意地戏称为"世上最短的长篇小说",在当时奥斯特林博士反而是给予了很高的评价。他认为在这部历史题材的小说作品中,安德里奇"将讲故事的才华发挥到极点,在风格上有东方故事多姿多彩的丰富性，而在写实的程度上却又具有高度的说服力。"

最后，奥斯特林用了很大的声音来向安德里奇说明了他荣获诺贝尔文学奖的原因和自己的敬意。虽然这个原因安德里奇在国内已经由瑞典驻南斯拉夫使馆告知，不过他还是激动地听奥斯特林博士再说了一次："阁下，您的奖状上写着，诺贝尔文学奖所以颁给您，是'因为你的作品从你的祖国的历史中摄取题材，并以史诗般的气魄描绘这个国家和人民的命运'。"

奥斯特林将长篇致辞宣读完毕后，按照颁奖程序，他请安德里奇走到瑞典国王古斯塔夫·阿道尔弗六世面前，接过镌刻着诺贝尔头像的金质奖章和奖状。这时的安德里奇迈着稳健的步伐，沉着冷静地走下台阶，这与他平时在贝尔格莱德散步时的节奏别无二致。这时，负责颁奖现场直播工作的"欧洲电视台"把瑞典国王亲自为他颁奖并向他祝贺，以及与会者欢呼沸腾的场景记录下来。这一画面通过有线电视的直播传遍了世界，满足了亿万观众、特别是全体南斯拉夫人分享这一殊荣的愿望。

当日晚，在市参议会的金色大厅里，诺贝尔文学奖官方组委会为颁发诺贝尔文学奖得主安德里奇举行了隆重的欢迎宴会，国家乐队演奏着庄严肃穆、旋律优美的乐曲，整个大厅里洋溢着友好、融洽、喜庆的气氛。突然，音乐声停了下来，在热烈的掌声中，安德里奇再次容光焕发、神采奕奕地出现在喜气洋洋的与会者面前，发表了自己的获奖演说。这篇获奖演说的题目是《小说家的工作》,在演说中,安德里奇表示"自己是一个来自小国的作家"的同时也阐述了自己认为每一个作为一个文学创作者应尽的职责:

"每一位作者都必须为他自己的故事担负起道德责任,同时每一位作者都应享有充分的创作自由。不过,在结束这篇陈述之时,我希望今天的作家们讲给同时代人听的故事,不管它们的风格、内容如何都不应为恨所腐蚀,都不应被杀人机器的噪音所吞没。它应该是从爱中滋生出来的。它应该是从一种自由而沉静的人类理性中孕育出来的。因为小说家写小说的唯一目的,乃是为了人和人性。这是最重要的。而这也正是我在今天这样一个隆重的盛会中发表这些感想时最希望强调的一点。"

这次演讲博得了宴会大厅所有人的喝彩,他们为安德里奇朴实的语言中所蕴涵的深刻道理感到震撼,也为这届诺贝尔文学奖得主的广阔胸怀而深深地折服。

在宴会进行的中段,乐队奏起了波斯尼亚民歌《当我来到贝姆巴萨的时候》。这熟悉亲切的乐曲,立刻在安德里奇的心里掀起一阵不平静的浪花。这乐曲让他为故土感到骄傲,他为波斯尼亚贫瘠的土地哺育他,使他沿着故乡的小路,攀上了这神圣的世界文学的峰巅的路程。这乐曲也让他对热爱和平与正义的瑞典人民产生了无限钦佩的感情,因为瑞典国家乐队在此时此地演奏这首波斯尼亚歌曲,足以显示出祖国文化的特殊光辉,也让他感受到祖国文化在世界人民心目中的非凡地位。

三天后就是瑞典传统的节日光明节了，以往在这一天时，瑞典人都要在斯德哥尔摩城市一家的红房子里，举行隆重的向本年全瑞典最美的小姐授奖仪式。这次瑞典光明节的组委会做了一个别出心裁的决定，他们决定邀请诺贝尔文学奖得主安德里奇给这位仙女般美丽的小姐亲手戴上象征美和荣誉的花环。这一决定在当时引起了强烈的反响，当时的瑞典和南斯拉夫报纸对此作了生动传神、引人入胜的报道。其中贝尔格莱德的一家报纸上详细地描述了这一生动的画面：

> 所有的灯全熄灭了……一片寂静，犹如在梦中一样。10个穿着一身白装的姑娘，手里举着蜡烛出现了……一束强烈的灯光从一个突出的包厢里照射出来，打出一个明晃晃的亮圈，1961年全瑞典最美丽的小姐贡·瓦士黛特走了出来……安德里奇从服务人员手中接过插有燃着火苗的蜡烛的花环，给这位绝代佳人戴在头上。于是爆发出雷鸣般的掌声，几十名摄影师架起照相机对准镜头，电视台的录像机也紧张地忙碌起来……

诺贝尔文学奖得主给最美的小姐戴上花环，是有着十分深刻的寓意的。这个行为可以告诉我们：文学应该像最美的小姐那样，唤起人们最美好的感情，给人以最美的享受。这件事无论对诺贝尔文学奖得主，还是对最美的小姐，都是一种殊荣，都是千载难逢的吉祥之事。

4. 领奖归来

> 安德里奇从西方带回来诺贝尔文学奖。这可是一件非同一般的事,是一件伟大、前所未有的事。这好比是他的那个泽拉鲁丁·巴夏总督当年把大象带到特拉夫尼克城一样。
>
> ——日卡·拉吉奇

安德里奇在回国后一再地向外界表示,诺贝尔文学奖不仅仅是属于自己的荣耀,更是属于生养他的祖国。尽管他一再地低调,但是属于他的荣誉却随着他谦逊的态度而变得越来越多了。

几天以后,有"瑞典的剑桥大学"之称的乌普萨拉大学邀请安德里奇做了关于他的文学创作的演说,受到全校师生的热烈欢迎和交口称赞。就在他于斯德哥尔摩逗留期间,瑞典有关方面在斯德哥尔摩展览馆举办了印度诗人和思想家罗宾德拉纳特·泰戈尔生平及作品展览。刚刚荣获诺贝尔文学奖的安德里奇,很荣幸地被邀请出席于12月16日的开幕式并为展览会剪彩。

安德里奇结束了在瑞典的活动以后,偕夫人米丽查乘火车回国。在回国的路上，安德里奇再一次来到了瑞士，这是他时隔20年后再次来到这片土地。在伯尔尼和苏黎世，安德里奇回忆了自己在那段风雨飘摇时与瑞士结缘的经历。两周后，南斯拉夫历史上也是巴尔干半岛诸国历史上第一位诺贝尔文学奖得主的归来使得这个国家再次沉浸在了欢乐的海洋里。著名作家日卡·拉吉奇在报上发表文章，欢呼道：

> 安德里奇从西方带回来诺贝尔文学奖。这可是一件非同一般的事，是一件伟大、前所未有的事。这好比是他的那个泽拉鲁丁·巴夏总督当年把大象带到特拉夫尼克城一样。

不过，安德里奇本人对待这一奖赏却表现出异乎寻常的冷静。在接受《政治报》记者采访的过程中，安德里奇看起来十分低调，他只是强调自己对这次获奖感到满意，至于其他的则提得很少。以下是那次采访的部分谈话内容：

"对在瑞典受到的接待我感到非常满意……除了其他的事情之外，我访问了乌普萨拉大学，同那里的师生做了接触，我带回了对他们特别美好的印象。不过，除了那一切巨大的激动人心的满意之事之外，永远都是最美好的还是这样一件事：回到了自己的国家和自己的家中。"

安德里奇在回到国内后曾表示自己的斯德哥尔摩之行是很满意的，他对瑞典人民的好客与尊重表示了谢意。但是，在外旅行的时间太久了，终归还是想家的，于是安德里奇先生很快就回到了国内。他在采访中说的这番话显得十分真诚，从中我们可以看到一个有着真诚、谦逊、温和性格的安德里奇。这番话既使得瑞典人感到脸上有光，又让国内民众为安德里奇的人格魅力所深深地折服。安德里奇研究家与安德里奇交往甚密的作家科斯塔·迪米特里耶维奇曾经问安德里奇"作为诺贝尔文学奖获得者有什么感想"时，安德里奇向好友坦诚地展现了自己的内心世界：

"我想，得奖对作家来说并不重要，重要的是他要创作。我得到诺贝尔文学奖纯属偶然。还有相当多的一些作家，他们比我好，比我聪明得多，可他们并没得奖。我认为诺贝尔文学奖并不是作家终极的目的。"

安德里奇自己并不缺钱，而且他还会尽自己的力量去帮助那些需要帮助的对象，在南斯拉夫当地的许多档案里都有这方面的记录。此次他得到了诺贝尔文学奖巨额奖金，在这个理所当然地要引起许多思考的重要时刻，安德里奇首先想到的并不是先让自己富起来，而是要帮助故乡发展文化教育事业。他慷慨地捐出一半奖金(折合4000万旧第纳尔)，供故乡波斯尼亚购买图书，丰富、完备他们的图书馆。过后，当迪米特里耶维奇同他提起这件事，称他此举乃是一种伟大的姿态时，安德里奇认真地说：

"那是我对家乡应尽的义务。不过在获得这一承认之前稍微早一点的时候，我就提出过，如果把奖颁给那些刚刚起步的青年作家、学者和艺术家，那才是文学奖真正的思想和价值所在。那些奖对他们才真正地意味着喜悦，并且会激励他们在文化事业中建立新的功勋……"

有人曾经说过:"一个人越是狂傲骄纵,人们越是不买他的账。反之,一个人越是谦恭有礼,人们反倒越发恭敬他。"安德里奇把自己荣获诺贝尔文学奖这件事看得很淡,国家和人民、同事和朋友却对此给予高度的重视,下面摘取几个安德里奇的研究者在书中列举的片段来证明这个观点:

为祝贺伊沃·安德里奇荣获诺贝尔文学奖,南斯拉夫联邦人民共和国科学院理事会于1962年1月17日在塞尔维亚科学与艺术院召开庆祝大会。会上,西尼萨·斯坦科维奇、弗兰·科果依、约希普·维德玛尔及维里波尔·葛里高利奇等知名人士发表了热情洋溢的讲话。1月20日,在"法国——南斯拉夫协会"所在地巴黎,杰出的南斯拉夫学学者安德列·瓦扬作了关于安德里奇作品的学术报告。

3月5日,雅典科学院为迎接"巴尔干第一位诺贝尔文学奖获得者"赴希腊访问,隆重召开会议,商讨欢迎安德里奇来访事宜。3月7日,安德里奇与米洛拉德·巴尼奇-苏莱普应邀抵希腊访问。3月9日,应阿拉伯国家联盟文化部的邀请,安德里奇自雅典抵达开罗。

4月,据奥地利《中心》杂志统计,从奥地利全国35家有名的书店售书情况得知,安德里奇的长篇小说《特拉夫尼克纪事》是在奥地利拥有最多读者的书。

10月5日,莫斯科科学院在"与各国人民友谊之家"隆重集会,纪念伊沃·安德里奇诞辰70周年。9月—10月,美国、波兰、法国等国邀请安德里奇前去访问(因身体健康情况不佳，安德里奇未能应邀)。10月，安德里奇被萨拉热窝大学授予荣誉博士学位。10月26日，在贝尔格莱德久洛·萨拉依工人大学美术厅举办了伊沃·安德里奇在斯德哥尔摩参加1961年度诺贝尔文学奖颁奖活动的图片展。

11月11日，在诺维萨德塞尔维亚文化教育协会所在地，举行了伊沃·安德里奇文学作品展的开幕式。11月，在安德里奇诞辰70周年之际，塞尔维亚科学与艺术院发表了纪念这位作家的回忆录。

12月2日，南斯拉夫话剧院根据安德里奇的长篇小说《罪恶的庭院》改编的同名话剧首次与观众见面。

在当时，翻译并出版安德里奇的作品成为了出版界的一大趋势。伊斯坦布尔、布加勒斯特、雅典、德黑兰、里斯本相继翻译出版了《德里纳河上的桥》的土耳其语、罗马尼亚语、希腊语、波斯语和葡萄牙语版本。与此同时，在柏林、巴黎、米兰、布达佩斯、奥斯陆、斯德哥尔摩、乌德勒支、布宜诺斯艾利斯、赫尔辛基也翻译出版了《特拉夫尼克纪事》的德语、法语、意大利语、荷兰语和西班牙语版本。《萨拉热窝女人》这部小说也被许多国家的出版社翻译并出版发行。在莫斯科、慕尼黑、里斯本、米兰、华沙、布达佩斯和巴塞罗那相继出版了《萨拉热窝女人》的德语和葡萄牙语等语言的版本。

一个作家的作品能在很短的时间内被翻译成许多国家的语言并出版发行，这无疑是对作者安德里奇最好的鼓励与尊敬。

Chapter 6　第六章　获得诺贝尔文学奖

随着安德里奇影响的日益扩大,在国内外研究他创作思路与为人的文学评论家们也渐渐地多了起来。他们研究并发表了许多关于安德里奇的高水平的研究论文和专著。比较知名的如萨拉热窝的出版物中,南斯拉夫作家米德哈特·萨米奇的研究著作《伊沃·安德里奇〈特拉夫尼克纪事〉的历史渊源》一书。罗马尼亚萨格勒布大学哲学系布兰科·米兰诺维奇的博士论文《安德里奇的论著及其文学作品》。贝尔格莱德武克·卡拉吉奇博物馆出版了《伊沃·安德里奇论武克·卡拉吉奇》一书。

而在安德里奇70岁生日的时候,首都贝尔格莱德新文学出版社出版了安德里奇中、短篇小说集《刻在石头上的女人》。在这些事实的背后都说明了一个问题:诺贝尔文学奖得主安德里奇正在受到越来越多的人的尊重与追捧。

4. 安德里奇的小说与艺术观

艺术家是在"活跃、开拓、建设生活的复杂任务中从事劳作的无数个精工巧手重要的一员"。

——安德里奇

在当时的南斯拉夫,中篇小说与短篇小说的创作在质量上和数量上都比同时代的其他国家，如俄罗斯、希腊、西班牙、法国、美国等国相差甚远，而安德里奇的异军突起却很明显地改变了这一尴尬的状况，他的小说中运用了现实主义描写人物与抽象主义描写环境的手法使得作品在极富深刻内涵的同时也多了一些灵动的意味。这种手法为当时的南斯拉夫文坛注入了一股鲜活的动力。

中篇小说《阿里雅·杰尔泽莱兹的道路》是安德里奇所创作的第一部中篇小说，写的是著名的土耳其决斗者的爱情经历，表现了男性如何在生活中处理对待与异性相处的问题。如果从介绍上来看，这部小说的内容应该是弗洛伊德哲学的延伸。实际上，小说的真实内容写的是奥斯曼帝国阴暗制度对人性的泯灭。

小说的主人公是一个光荣的土耳其勇士，他的名字叫做阿里雅·杰尔泽莱兹。在文中，作者将他描绘成为一个果敢无比、犹如传奇和神话中的英雄的形象。他看起来是那么威严，使人觉得他在面对死亡时也显得无所畏惧。小说的主线就是这位土耳其的英雄人物的三次情感经历。

第一次，一个容貌艳丽、身世神秘的外国女人与他相识。这使得这位勇士的内心里顿时掀起了不平静的浪花，烈火般不可遏制的欲望害得他瞎了一只眼睛，成为人们的笑柄。可笑的是他却并不知道收敛，妄想和这个女人结婚，不过最终这个看起来很可笑的理想他并没有实现。

第二次有趣的爱情故事是他与一个吉卜赛女人之间发生

的，这个女人有着第一位女人一样的美丽的容貌。当然，结果还是一样的，他与吉卜赛女人最后还是没了下文。

第三次爱情中，这位英雄表现得更为大胆，看上了一个富人的女儿并打算把她抢到手。可是，对这位英雄人物，富人和他的家人压根就没当回事。他们这种不屑的态度居然使这位大英雄感到害怕了。这样，这个在文中浑身是胆的英雄，在他不多的感情追求中没有一次成功的记录。在他三战三败后不得不面对别人压根不鸟他的残酷事实，他无奈叹息并且还抱怨道："通向女人的道路为什么如此的曲折和神秘？为什么凭自己的荣誉和力量越不过它？为什么让自己离这一条路越来越远、情况越来越坏？"

后来，有文学评论家在评价安德里奇创作的中篇小说

《阿里雅·杰尔泽莱兹的道路》时,曾经写下这样的一段话:

阿里雅这位"在民歌中都被赞颂的英雄",被歌唱为"不幸的、光荣的和可爱的人物",在这部中篇小说里,并没有写成人类英雄主义的化身,而是被写成一个不幸的旅行者。他带着巨大的心灵隐痛,从一家旅店奔到另一家旅店。因为手中那把沾满鲜血的刀和民族的仇恨,落后的、狂野的奥斯曼环境的氛围,竟然把他拔高到神话般的境地,而面对永远阴暗的大自然和美丽的女性,生活又让他成了一个失败者。安德里奇有一支非常含蓄的笔,故事写得娓娓动听,但倾向性却很隐蔽,给读者留下了思考、想象的广阔空间。

《热帕河上的桥》是安德里奇最好的短篇小说之一。这部小说可以算得上是长篇小说《德里纳河上的桥》的姊妹篇。小说的主线是坐落在热帕河上的一座桥,安德里奇在小说中描写了这座桥别具特色的美,以及它与周围荒野的不和谐,唤起了作家的灵感和激情。作者在小说快结束的地方写道:"从一旁观看,桥的洁白大胆的拱门,好像总是分开的、单独的,宛如不寻常的思想迷失了方向,陷入山崖和荒野之中,这使行人感到意外。"

在叙述这座桥建设的过程中遇到的种种事情时,安德里奇将人的两种悲哀的、孤寂的命运也融入到桥的历史中。

小说的主人公尤素福是奥斯曼帝国的丞相,不过这个人也是个十足的倒霉蛋。这位奥斯曼帝国最高的大臣因为与政敌的争斗失败而被苏丹关进了牢房。在失宠和处于孤独的时刻，尤素福想起了自己出生并长大的小镇，想起了那条流经小镇的热帕河。他想起了自己的父母双亲，两位老人是在他充当御马厮总监助手时离开人世的。

安德里奇在文中写道：一个人在失意时，想起遥远的养育过自己的故乡，总算是一种安慰。此时的尤素福丞相，非但想起了这一切，还决定在自己度过童年的可爱的故乡(他很小的时候就离开了它)建一座桥。丞相这样想道："我成了被流放的人，在孤寂中，在失宠的境域里生活……"

但这位丞相毕竟不是一个意志消沉的人，一旦恢复过来，有了一定的能力以后，便想在热帕河上建筑一座桥，以便让自己的名字能和这座桥一样永存人间。后人评价这部中篇小说时曾这样写道：在这篇短小精悍的小说中，安德里奇将人的命运与这座桥紧紧地联系在一起，最能说明这一点的是桥的建筑师的不幸人生。他刚刚把桥建完，给人们留下了这部富有幻想性的杰作，就被抛到一边，成了一个与世隔绝、心里阴暗的人，说不清道不明地匆匆地结束了本来很有光彩的生命。整篇作品调子是低沉的，作者的情绪紧紧地严严地包裹着，再一次显示出少有的机敏和灵气。

《穆斯塔发·马扎尔》也是安德里奇中篇小说中的名篇。主人公穆斯塔发·马扎尔是南斯拉夫各民族文学中最有特色的人物形象之一。在这个人物身上表现出一种病态的复杂的心理特征，也就是说，在他的感情世界里，散发着一种糜烂、堕落的气味。他到处吹嘘决斗和英雄精神，但是，他那疯狂的勇敢，更多的时候表现在带有幻想性的行动上。事实上，这只是某种不可医治的深深的心灵创伤。生活从另外方面使他中了毒。

在他身上，丧失了一切人性，这种人性的缺失，让他变成了一个非常孤独的人。正因为受了这种毒害他成为了奥斯曼帝国国内人人称赞的英雄好汉。不过，奔向战场作战时，他的心里产生不了对胜利的喜悦，而是保护自己不受伤害的猥琐心思。激情满怀的人们，围着他的脑袋编织了英雄的光环，然而，他只是一个笨重的对周围世界和生活感到厌恶的病人。就这样，他脱离了世界，在人生的道路上急速地滑坡。他从别人身边撒腿而别，也离别了自己和梦幻，心灵深处缠绕着一种混浊的、黑暗的和病态的东西。当他的意识完全变黑变暗之后，他就变成了一个彻头彻尾的大坏蛋。

后来，他很偶然地死在了一个体弱胆小的凡人手下。安德里奇以心理学家那种非凡的智慧，得心应手地描画出马扎尔这一人物的整个心理世界和灵魂深处的暴风骤雨。战争的烈火、人的野蛮性和血腥的屠杀，使他失去了正常的心理平衡。安德里奇觉得此人的天性显得格外的复杂、粗野，仪表也是一副杀气腾腾凶相。他是一个"堕落者，软骨头，幻想主义者；他是一个肮脏的人，畜生，吸血鬼，道德沦丧的人"。不过，他属于有趣的知识分子类型，喜欢而且也会思考，他的天性是喜欢、醉心于音乐的美妙世界。文中，安德里奇深深地掌握了奥斯曼土耳其上层社会中某些人物复杂、卑劣、粗野的心态，入木三分地揭示出这类人物灵魂的丑恶。使这部小说成为描写人物内心情感作品中的杰出代表。

1928年写的中篇小说《阿妮卡的时光》是一篇颇具可读性的作品，这篇作品对某些心理有些不正常的女人的行为和心理描写十分生动，这篇作品可以算得上是那个时代十分出色的哲理小说。

在这篇不算长的小说里，安德里奇对这两位主人公进行了着重的心理描写和刻画。通过对环境和语言的描写，将读者带入了一个古怪离奇的、充满了荒诞和毁灭的黑色幽默世界当中，这篇小说的问世标志着安德里奇作品对人物心理和社会行为的描写进入了一个崭新的历史阶段，为他后来创作的小说《萨拉热窝女人》和《情妇玛拉》积累了宝贵的创作经验和故事素材。

在《同高雅的对话》中，安德里奇进一步阐明他的一系列文艺观点。安德里奇认为："艺术与生活确实有着密切的联系。物质世界赋予艺术家创作崭新作品的生活，这种崭新的作品具有永恒的美和永世长存的意义。艺术家只反映具有普遍的、深远意义的生活现象。生活中存在的一切美好的东西都是人的手和心灵创造出来的。"安德里奇提出，艺术总要向个人、集体和人类的生活展示未来的远景，而未来又总是与历史有着紧密的联系。他指出：

"只有那些没有文化教养、不懂事理的人，才说过去

的事情是死亡的，是用不可逾越的墙把自己与今日的事情隔离开。真理恰恰相反，人们从前思考的、感觉的和所做的一切，都不可分割地与我们今天思考的、感觉的和所做的一切联系在一起。将科学的真理之光投到从前的事件中，那是要为今日的事情服务，艺术的目标是要把从前、现在、今日连结起来，把生活的对立面连结起来。艺术的目的存在于空间和时间里，存在于精神中。"

在安德里奇看来，"艺术家是真理的报告员，而他的作品则是对人类历史复杂情况的阐述与报告，艺术家是在活跃、开拓、建设生活的复杂任务中从事劳作的无数个精工巧匠中重要的一员"。

在描述自己的创作活动时,安德里奇又说:"我迈出的任何一步也不能归还自己,只能像干木材和冷却的金属一样,为克服人的弱点、健全人的伟大事业服务……"安德里奇对形式主义在创作中的危害是有深刻认识的,所以对于形式主义这种行为他是坚决抵制的。为此,他说:"完美的表现形式是为内容服务的,而不是形式主义……"

安德里奇的这些艺术见解,对处于20世纪上半叶血雨腥风环境中的南斯拉夫文艺工作者来说,不亚于光辉灿烂的年塔。就是在二战后的和平岁月下的南斯拉夫与世界文坛,也有着极大的借鉴意义。

Chapter 7

第七章　生命的终章

1. 病魔来袭

"有谁能像我这样热爱这个世界?……我总是觉得空气少,从来我都感觉水、植物和人的面孔不足。我耗费了力量……可是并不认识和平,由爱情和愿望构成的一切,都躲藏在世界的后头……我觉得我总是醒着的……"

——安德里奇

安德里奇的视力不太好,进入75岁以后,夜里在灯光下看书都有困难了。常常是一打开书本眼睛就流泪,后来经过检查发现居然是青光眼。这是一种十分严重的眼疾,这种眼疾放在现在也不是很容易治疗。当时的南斯拉夫政府对这件事十分关注,他们派出专人护送安德里奇前往瑞典治疗眼疾。但是,就像前面写到的,效果并不明显。唯一有所好转的是安德里奇感觉眼睛不是那么疼痛了,但是视力情况还是不怎么乐观。

而自从他的夫人在几年前因病猝然离世后,这位孤独的老人在疾病的打击下也似乎不那么坚韧不拔了。安德里奇与他人交谈时,常常要把自己的头号近邻、多年忠诚的合作者薇拉·斯朵依奇挂在嘴上。这是他的私人秘书，在安德里奇结婚前就替他处理日常文字校对工作了。这位善良的女士在安德里奇受到疾病与丧妻的双重打击之下给了他活下去的勇气和力量，这使他不像川端康成与海明威那样因为生活中疾病的折磨而轻率地离开人世。

不过，安德里奇生性是好强的，在他内心的潜意识里并不愿意告诉别人自己害病的痛苦。只有一次他对与自己来往密切的朋友科斯塔·迪米特里耶维奇说：

"上了年纪，各种病一下子都来了。特别是眼睛，更容易得病。可是，念叨自己的病不体面，那样，人家将会不理解您……很快我连写东西也写不成了，我至少要尽自己所能完成社会义务……我要在身体情况可能允许的范围内努力去做……"

人们对安德里奇的印象是坚韧不拔的。在民众的眼中，这位老人面对困难时就像一条"斗犬"，任何困难都将在他的面前被他撕碎。安德里奇日记本里写下了自己这时的思绪："有谁能像我这样热爱这个世界？……我总是觉得空气少，从来我都感觉水、植物和人的面孔不足。我耗费了力量……可是并不认识和平，由爱情和愿望构成的一切，都躲藏在世界的后头……我觉得我总是醒着的……"

安德里奇的这番话表达了他对生命的追求和留恋。他不愿意离开这一切，他要竭尽全力投入到生活中去，尽管身体不好，视力很弱。但是，他决定尽自己最大的努力来把自己留在

这片土地上，这个空间中。在南斯拉夫的档案馆里，记录有1969年—1972年这一时间段安德里奇的一些行程：

1969年，安德里奇参观了乌拉尼耶的"波拉·斯坦科维奇"百货商店；

1970年，安德里奇奔赴萨拉热窝，出席了纪念伊萨克·萨茂科乌里雅作品展览开幕式。在特尔希奇，参观了武克·卡拉吉奇故居。为贝尔格莱德第15届国际图书博览会剪彩；

1971年，参观了特洛诺萨、古契沃和洛兹尼查修道院，然后还参观了萨普察图书馆和年轻的叶莱密耶绘画展。出席了在克拉古耶瓦茨召开的塞尔维亚社会主义共和国文化活动代表大会；

1972年，参观了莱宾斯克水源和杰尔达甫水电站。随着威信的提高和作品在世界各地翻译出版的增多，安德里奇得到的奖赏和荣誉也与日俱增。其中有：科契奇评奖委员会授予安德里奇达维德·斯特尔巴茨奖；波齐代里艺术聚会活动荣誉证书；特拉夫尼克市议会证书；波斯尼亚—黑塞哥维那科学与艺术院荣誉院士证书；萨拉热窝第一中学纪念证书；在克罗地亚教育委员会组织的"我最亲爱的作家"活动中获得第一名；科鲁塞瓦茨市金质纪念章；维舍格勒荣誉市民证书……

安德里奇得到的荣誉实在是太多了，听到的赞美之词更是无法计算。但是，严肃认真、实实在在的安德里奇，对过分的不实事求是的夸奖是不接受的，有时是要当场指出的，甚至会使夸奖者感到十分尴尬。讲到这一点，在萨拉热窝第一中学90周年校庆时发生的一件趣事就能很好地佐证这个观点。

1970年，安德里奇读中学时的母校萨拉热窝第一中学举行建校90周年庆祝活动。安德里奇作为享有盛誉的客人应邀到会并做了简短的祝贺校庆的讲话。校长讲话时，当着许多重要人物的面，夸奖安德里奇当年在学校读书时是个模范学生。安德里奇仔细地听着校长讲的每一句夸奖他的话，当校长讲完话要坐下的时候，安德里奇严肃而有礼貌地对他说："请您原谅，情况不完全像您说的那样，因为我并不总是好学生……我的数学课成绩总是挺差劲的……"

通过新闻媒介，这件事迅速地传遍了全国。安德里奇率真的个性为更多的人所熟知，这也让更多的人对安德里奇这种性格而折服。

2. 80岁生日

> 很久很久以前，我像那一代的许多青年人一样，来到这座城市，到了这两条古老的河流岸边，为的是要在这里生活和工作。作为同胞，我同这座城市里的人们同甘苦共患难，同受战争的洗礼，共享和平的幸福，欢乐在一起，受苦在一起。
>
> ——安德里奇

人生百年光阴路，安德里奇一步一个脚印地跋涉着，坚强地活着。到1972年10月10日，已经度过整整80个春秋。对他这个自幼丧父且体弱多病，老年又突然过早地丧妻的人来讲，能活到80岁高龄，实在是不容易。对安德里奇来说，1972年是值得庆贺的，令他高兴的喜事一件接着一件：

4月25日，在塞尔维亚议会大厅，安德里奇光荣地被授予武克·卡拉吉奇专门奖；接着，作为塞尔维亚文学协会的同龄人和他的多年的合作者，5月24日，安德里奇被选为该协会的终生名誉会长。根据贝尔格莱德大学语文系的建议，安德里奇被任命为贝尔格莱德大学名誉博士。

10月8日，在贝尔格莱德市议会的庆祝大会上，安德里奇荣获了贝尔格莱德金质纪念章。会上，安德里奇发表了充满激情的讲话："很久很久以前，我像那一代的许多青年人一样，来到这座城市，到了这两条古老的河流岸边，为的是要在这里生活和工作。作为同胞，我同这座城市里的人们同甘苦共患难，同受战争的洗礼，共享和平的幸福，欢乐在一起，受苦在一起。"

讲到这儿，安德里奇想起大教育家道西代雅·奥布拉道维奇1807年从奥地利统治下的泽蒙(贝尔格莱德城郊的一个小卫星城)发出的声明，欣赏一下映照在河水中的贝尔格莱德的倒影，引用了他讲过的这样的几句话："当你整理得漂漂亮亮，当你变得牢固坚强，那时候，城市将享有光荣，因为它是一个难以描画的美丽迷人的地方。"

大教育家道西代雅·奥布拉道维奇所处的时代已经距离当时150多年了，而一个80岁的老人还能记住那时候奥布拉道维奇的不太知名的讲话，这不得不使我们佩服这位老人出色的记忆和他对历史典故的熟悉程度。

还有两天就是安德里奇80岁的生日了，而这时候安德里奇对纪念自己八十寿辰这件事，未表现出足够的热情。反而，他还在想方设法逃避这一活动，对朋友说："我不知道为什么要为我举办庆祝活动。一个人活到80岁，庆祝活动就不属于他的了……只有对死人才搞这样的活动。"

然而，尊崇他的人还是按自己的心愿办事。除了收到来自国内外大量的祝贺信、祝贺电报以外，10月9日那一天，维舍格勒中学的学生还到安德里奇家里，献给作家一束由80朵石竹组成的花束。在第二天，安德里奇80岁生日的那天，南斯拉夫官方为这位耄耋老人组织了一场规模盛大的欢庆活动，首都贝尔格莱德的知名平面媒体全程报道了这一盛况空前的活动。

10月10日，当时的南斯拉夫政府在贝尔格莱德科拉尔奇人民大学大厅，隆重地召开庄严的纪念大会，庆祝安德里奇80岁生日。共和国副总统拉多·杜戈尼奇代表国家授予安德里奇社会主义劳动英雄勋章。向安德里奇致词祝贺的有南斯拉夫科学与艺术院院长、联邦议会、南斯拉夫科学与艺术院理事会、南斯拉夫大学共同体、南斯拉夫文学家联合会，以及出版与书店协会。关于安德里奇的生平与作品，与会者给予全面的介绍和高度的评价。发表讲话的人有阿乌古斯丁·拉赫、戈尔加·诺瓦克、戴尔维斯·罗查亚、德拉干·穆、叶莱米奇、伊万·布拉特科和安德里奇的同乡、著名作家麦萨·赛里茂维奇。会上，著名表演家拉·斯屠皮查和刘巴·达迪奇还朗诵了安德里奇作品片断。一系列规模宏大而隆重的庆祝活动，在安德里奇的故乡继续举行：

10月12日，在波斯尼亚—黑塞哥维那议会大厅，召开庄严的庆祝大会。会上，茨里尔·科斯玛奇以南斯拉夫文学家联合会的名义，发表了热情洋溢的讲话，祝贺安德里奇取得的辉煌成就和为南斯拉夫各民族文学赢得的巨大荣誉。然后，著名文学教授米德哈特·贝基奇博士宣读了一篇关于安德里奇人道主义精神的论文。

接着,在热烈的掌声中,波斯尼亚·黑塞哥维那科学与艺术院向安德里奇授予了该院证书。那一天,安德里奇的情绪非常好,在热烈、友好、洋溢着家庭气氛的故乡庆祝大会上,安德里奇敞开了心扉:"一个人对自己的故乡是欠债的……所以说,讲到债务,我总是想到我们对自己欠下的债,而且我还觉得,这样一种承认只能加大债务和欠下新债。这一点,对一个处在生命的晚年,不敢再承受义务的人来说,显得更为突出,因为很难有可能偿还那些债务了……"

利用这次在萨拉热窝逗留的机会,安德里奇还参观了波斯尼亚·黑塞哥维那文学馆、《解放报》编辑部,以及光明出版社。

10月15日,安德里奇在音乐的伴奏下,在欢迎人群汇成的花海中,又来到赋予他灵感和创作素材的城市特拉夫尼克。在南斯拉夫人民军之家出席了隆重的午宴之后,安德里奇又到古老的特拉夫尼克市场转悠了一下,回味回味往昔的酸辣,品尝品尝今日的甘甜,心里翻涌起激动、感慨的浪花!这两项议程结束后,安德里奇又回到萨拉热窝,依然在他备感亲切的"欧罗巴"旅馆下榻。

第二天,安德里奇在当地政府官员与文艺界要人陪同下,兴致勃勃地乘车向故乡城维舍格勒驶去。这是第二次世界大战结束以来安德里奇第三次(也是最后一次)回故乡访问。小城维舍格勒沸腾了,音乐声在德里纳河上空阵阵回荡,男女老少一起出动，手里捧着刚刚从花园或花圃里采来的鲜花，脸上挂着喜悦的微笑，等候在大街小巷和河岸上。安德里奇刚一下车，人群里立刻欢声雷动，无数花束向他抛过来，把路都给挡住了。年长的父辈们站在桥旁，望着那绿色的德里纳河，告诉安德里奇，人们很快就要把这座古老的大桥变得发亮。当地的老人们把安德里奇当做了一个无所不知的智者。他们询问重新翻修穆罕默德巴夏的桥是不是一件好事。安德里奇风趣地回答说：

"连金字塔都让自己的外貌变亮了，因此对于此地来说，变得发亮不应当是什么受损害的事。"过了一会儿，安德里奇又微笑着补充说："这座桥年龄太大，经历的事太多了，还要变得闪闪发亮……"

大家听得入了神,在他们的心目中,安德里奇的话就是真理。这也使安德里奇在心中小小地得意了一把。

看完了大桥之后,安德里奇又参观了维舍格勒人民图书馆。他忘不了故乡的图书馆,多次为丰富它的书籍捐过款。如今,看到它的图书确实多了起来,心里感到莫大的欣慰。参观完维舍格勒中学后,安德里奇在学校的留言簿上感慨地写道:"如同10年前一样,我总是对你们怀有良好的祝愿。"

同教员们交谈完之后,他又来到毕业班的同学中间,对他们谆谆嘱告道:"……作为你们的同志,我向你们问好,对你们有许多良好的祝愿,祝你们幸福,而幸福是凭劳动得到的,你们不要把我看作是一个完美的理想的劳动者,像你们这个年纪的时候,有时我也挺懒的,不过对劳动的热爱之情随着时间而增强……"

走过穆罕默德大桥,在毕卡夫查安德里奇遇上了一伙维舍格勒的年长者。那位与安德里奇从小一起长大的童友阿依库娜,如今已是腰弯背驼的老太婆。这时她紧紧地拥抱安德里奇,眼睛里噙满了泪水,声音颤抖地说:"我的伊沃,我的那个青春哪儿去了?这叫什么生活啊?"对这位童友提出的问题,安德里奇无言以对,只是抿嘴笑了笑,因为他无法对这个不识字但却十分聪明的老人把问题说清楚。他在拿起笔写下第一篇文字的时候就是为了回答这个问题,但是直到现在他也没有找到正确的答案。

结束了这一激动人心的老友重逢之后,维舍格勒光荣的市民安德里奇,又参观了"武克·卡拉吉奇小学校"的新校舍。在这里,他同样受到全校师生的热烈欢迎,无数的鲜花把他围了起来。怀着无比喜悦、激动的感情,安德里奇回忆了在这个小城读书的情景,特别是缅怀了尊敬的刘鲍米尔老师。同自己心爱的度过童年和少年时代的小城维舍格勒告别的时候,安德里奇恋恋不舍、情真意切地说道:"你们可知道,一个人,来到他先前离开的地方,便觉得自己哪里都没去过……"

安德里奇在如此热烈、亲切、甜蜜的乡亲情、朋友情、师生情的气氛中,度过了80岁生日。他希望自己马上变得年轻而充满活力,能长久地同故乡的土地和故乡的亲友们生活在一起,哪怕自己变得一文不值。而维舍格勒的乡亲们也多么希望安德里奇能回到这里,回到哺育他成人的小镇,永远也不要离开。

3. 葬礼

在生命结束的时候,这条小路也将中断。在所有的小路终止的地方,在所有的道路和泥泞之处消失的地方,在再也不能迈步前进、不需费劲的地方,在地面上所有的大道陷于工团混乱,失去意义,并且像火星一般在我们那自身要熄灭的眼睛里。

——《小路》

1975年3月13日，贝尔格莱德军事医学院发布了最后一份关于安德里奇病情的报告：1点15分安德里奇已经失去了一切生命力，不可避免的死亡来到他的面前。

其实早在1968年，安德里奇的夫人米丽查因心脏病猝死后，安德里奇的健康状况就开始出现不可逆转的直线下降趋势。而在1974年的春天，与安德里奇一起生活的米丽查的母亲的去世更给安德里奇以沉重的打击。虽然在1972年他80岁生日时显得精神矍铄，但这也仅仅是回光返照了。

1974年12月，安德里奇在出席一次国内的文学活动后感到身体不适，于是他住进了贝尔格莱德军事医学院，从此他就再也没有从病房里出来直到生命的终结。在1975年3月10日，好友米兰·焦科维奇同薇拉·斯朵依奇一起到医院探望了处于危险中的安德里奇，记下了他在最后的日子里的真实情况。在这里，我们摘引一段以供参考：

安德里奇同另一个患者躺在房间里……墙上电疗仪的灯忽明忽暗，大概是在帮助病人轻轻地呼吸，监察他的心脏和肺的功能情况。左手稍微离开身体一点，随便地放在床边。我说随便地放，因为他的身体已不能"随便"动弹，一条宽带子不让身体活动，把他死死地束缚在床上。我拉起他的手，那手是热的，就像一个体温很低的人那么热，比战后这么多年来的安德里奇的手要热一点。我说,病情再度恶化了。又患上了肺炎,呼吸困难。好像他正在受罪,不过,这一切都并不可怕……露出最多神情的是眼睛。这是失去知觉的病人的眼睛和神情。左眼已经闭上了,右眼睁着,"望着"我身边的某一方向。眼睛已经不能听从大脑指挥了。

这时,我回想起面对嘲讽的言辞或聪明、和善的话语,他亲切地微微一笑,眼睛露出的温暖和光辉。我问从安德里奇住院的第一天起就负责护理他的医院护士,三个月来,她是否听到病人讲过什么话。她回答说没听到过。可是,我又向她提了第二个问题:病人是否有过疼痛的感觉?这时她果断地回答道:"给他注射的时候,由于疼痛,他脸上稍有一点抽搐,就是说,对于疼痛的刺激,他有感觉。"

1975年3月13日1时55分,南斯拉夫的文学巨人、巴尔干半岛第一位诺贝尔文学奖获得者伊沃·安德里奇与世长辞。这一惊人的消息震动了整个南斯拉夫和世界。外国的一些最著名的报纸,以惋惜的情意报道了欧洲文学中最伟大的名字之一伊沃·安德里奇离去的消息。在整个南斯拉夫,到处都自发地举行追悼会,纪念、缅怀这位为南斯拉夫各族人民赢得了巨大荣誉的作家。

在这一天,南斯拉夫全国的作家、艺术家、记者、编辑、大学生、教授的脸上都露出难过、沮丧的表情。在包括安德里奇生长的维舍格勒在内的各个城市的文化宫、图书馆里,安德里奇的巨幅照片,被高高地悬挂在最显眼的地方。

诺维萨德这座闻名欧洲的文化古城，与安德里奇有着非同一般的亲密关系。安德里奇逝世的噩耗传到那里，文化界的名流迅速聚集到诺维萨德大学哲学系图书馆，召开了缅怀这位"巴尔干荷马"的追悼会。安德里奇的各种版本的著作，摆满了10张长长的写字台。这些著作给人以安德里奇并未离开我们，他所创作的文学作品、讲话，他的灵魂一起和我们同在。

在这些作品里包括了五部长篇小说：《德里纳河上的桥》、《特拉夫尼克纪事》、《萨拉热窝女人》、《罪恶的庭院》和未完成的小说《苛刻的拉达斯·巴夏》。六部中、短篇小说集：《不平静的年代》、《渴望》、《举世无双的女人叶莱娜》、《记号》、《孩子》和《孤寂的房屋》(共计

126篇中、短篇小说)。两部文学评论集：《历史和传说》及《艺术家和他的作品》、两部散文、诗歌和散文诗集：《黑海零简·焦虑·抒情诗》和《小路·人物·故土》。以及两种文学手记集：《路标》和《笔记》。这些作品不仅仅是安德里奇个人经历的写照，也是他为南斯拉夫人民和世界人民留下的宝贵的艺术财富。

3月14日上午，安德里奇治丧委员会宣告成立。当日，该委员会在塞尔维亚科学与艺术院召开扩大会议，缅怀安德里奇的不朽业绩。同一天，从早晨到中午，在贝尔格莱德市议会大厅，举行了向安德里奇遗体告别仪式。安德里奇的灵柩安放在宽敞的大厅里，在庄严而沉痛的哀乐声中，成千上万的贝尔格莱德市民，怀着无比悲痛的心情，瞻仰了这位20世纪南斯拉夫各族人民最伟大的作家。

安德里奇送葬的那一天，刮着呜呜的大风，可是，再大的风也阻挡不了人们为他送行。据治丧委员会的统计，那一天，自发地赶到贝尔格莱德新公墓，向安德里奇致以最后的敬礼的，有近1万人。除了乡亲父老、老相识、旧友新朋、文艺界的同行之外，还有众多与安德里奇并无交往的教师、学生、工人、职员和个体劳动者。送行的人当中，还有不少扯着孙子、孙女的白发老人，他们嘱告孩子：做人就要做一个像安德里奇那样正派的人；当作家也要当一个像安德里奇那样反映、讴歌人民历史的大作家！

从多瑙河畔刮来的东南风越来越猛，但是围在新公墓中心大门外边的万名群众，寸步不离地立在狂风之中。悲壮激越的哀乐响起来了，那一向水流平稳的多瑙河和萨瓦河，此时仿佛也同声悲歌，呼喊忠魂。人们静悄悄地一个接着一个从覆盖着南斯拉夫国旗和装饰着无数个花环的安德里奇灵柩前面走过。在成千上万的群众中有塞尔维亚科学与艺术院院长巴乌莱·萨维奇博士、联邦会议成员罗道刘布·乔拉科维奇、南斯拉夫社会主义联邦共和国议会主席基洛·戈里高洛夫。

周围一片肃静，哀乐显得更加悲壮，当灵柩被缓缓地放进墓穴埋起来的时候，著名话剧表演艺术家刘巴·达迪奇用他那洪亮、圆润的声音朗诵起安德里奇那篇著名的寓意深邃的美文《小路》来：

……后来，在生活中我所走过的各种各样的大小道路上，我只凭借这一穷困的幸福，凭借这个形成了关于世界的财富和美的维舍格勒思想而生存，因为我从离开它那一日到今天，在地上的全部大道下边，只有那条对于我来说清晰可见、富有感情的窄窄的维舍格勒小路，永远与我相依相伴。事实上，我是凭它来测算自己的脚步，衡量步伐是否符合前进的节奏。整整一个世纪，它都没有抛弃我。

在生命结束的时候，这条小路也将中断。在所有的小路终止的地方，所有的道路和泥泞之处消失的地方，再也不能迈步前进、不需费劲的地方，在地面上所有的大道陷于工团混乱，失去意义，并且像火星一般在我们那自身要熄灭的眼睛里。

它惘然若失了,因为所有那一切使我们达到了目的,实现了真理。

维舍格勒小镇啊,你是安德里奇的母亲,你用自己深厚的历史底蕴和博大的胸怀养育了这个幼年失去父亲的孩子。你用流传在你身边数百年的歌谣给他插上了想象的翅膀,你送他离开小城,离开你是为了让他成为雄鹰自由地飞翔在巴尔干半岛的天空。

维舍格勒小镇啊,你与德里纳河上的11孔大桥和特拉夫尼克城还有萨拉热窝一起见证了这个民族崛起的心酸路程。你也见证了那个离开你怀抱的少年成长为世界文学历史上的一位传奇。

维舍格勒小镇啊,你的儿子在今天重新回到了你的怀抱,他的灵魂将永远在这里陪伴你,你们将永远不会分开。

伊沃·安德里奇与世长辞,他为我们留下了除"波斯尼亚三部曲"外的包括散文集《黑海之滨》、《动乱》,中篇小说《大臣的象》、《罪恶的庭院》等在内的10余部小说和散文集。虽然我们无法回答他关于在苦难与压迫下,一个民族怎样在重重困难下挺直自己不屈的脊梁,如何在浴火重生后以宽广的胸襟来面对新生的世界,而不迷失自己的本心从而再度走上自我毁灭的道路。但是,伊沃·安德里奇作为近现代史上对哲学、历史学、文学都广有涉猎且作出不朽贡献的人,我们有理由为他献上赞美之词,即使他已离我们远去,但是他为我们留

Appendix

附 录

安德里奇生平

伊沃·安德里奇是前南斯拉夫的著名作家。1892年10月9日生于特拉夫尼克附近的多拉茨村。在他两岁时失去了父亲,随后跟母亲一齐到了姑母家,安德里奇自幼喜欢树林和草地,河岸的柳荫花丛,更是他的最爱去处。在维舍格勒镇读小学。架设古城郊德里纳河上的11孔大石桥给予幼小的安德里奇以丰富的精神营养,几个世纪以来关于此桥的种种传说和故事在他心灵深处播下了良好的文学种子,对他后来的文学创作有非常重要的影响。

安德里奇在萨拉热窝读完中学,并积极参加爱国学生运动,1914年被奥匈帝国当局逮捕入狱,1917年获释。1918年,《南方文学》杂志创刊,安德里奇即是该刊的创始人之一。以后,他以《南方文学》为阵地,发表了一系列充满爱国主义激情的诗歌、散文诗和文学评论,积极献身于民族解放事业。

第二次世界大战期间,安德里奇隐居在贝尔格莱德,埋头文学创作。写出了《特拉夫尼克纪事》(1945)、《德里纳河上的桥》(1945),《萨拉热窝女人》(1945)三部长篇小说。它们取材于波斯尼亚历史,采用纪事体,注重历史事实的准确性，并大量运用了民间传说和神话故事。

此外，安德里奇还著有《泽科》（1950）、《罪恶的庭院》（1954）等作品，他于1961年获诺贝尔文学奖。1956年，曾来中国访问，参加鲁迅逝世20周年纪念大会，写下《鲁迅故居访问记》等文。

1975年安德里奇病逝于贝尔格莱德，他病逝的消息震惊了前南斯拉夫，当时举国悲痛，民众自发地用各种方式来寄托对这位文学巨匠的哀思。

获奖辞

小说家的工作

——伊沃·安德里奇

瑞典学院的诺贝尔奖委员会在执行它所担负的崇高使命时,将今年度的诺贝尔文学奖———一项国际性的荣耀颁给了一位来自一个小国的作家。在接受这项荣耀之际,我除了希望谈谈这个国家之外,更希望以一种概括的方式,就诸位慷慨地加以颂扬的"小说家的工作"向诸位发表一下我的感想。

一位作家曾经非常贴切地形容我国为"两个世界间的小国",这是千真万确的。由于有一个无比动荡、无比坎坷的过去,所以我国的一切都显得十分落后。不过,靠着重大的牺牲与惊人的努力,目前,这个国家正以极快的速度,希望在各方面包括文化活动激起、赶上别的国家。最近,这个国家的文坛上陆续出现了一些对世界文学有贡献的新作家及优异作品。而这些作家们的努力,也逐渐地引起了世人的重视。正是在这时,诸位在挑选诺贝尔奖得奖人之际,对我国的文学活动作了一番详细的考察。而我国终于有一位作家获得了诸位的表扬,这对我们而言,确实也是一项莫大的鼓励。我很高兴能够有机会在这里简短而诚挚地向诸位表达这一谢意。

接着,我要就诸位所颂扬的"小说家的工作",向诸位发表我的看法。对我而言,这个话题更为复杂、困难。既然创作活动实际上只是小说家本人的一部分,则由小说家来谈"小说家的工作",似乎不可能说出什么惊人的见解。我们当中有许多人宁愿相信这一点:所谓的艺术家,要不是指著名的古人,便是指隐遁、沉默的当代人。而且这些人宁愿相信:现身说法的方式,反而会使一位作家无法清晰、透彻地向读者解释他的艺术。这种看法不仅相当普遍,同时更是由来已久。孟德斯鸠早在18世纪便已经看出:由一位作家来评论他自己的作品,绝不可能有什么真知灼见。我还记得当年读歌德作品时,他的信条"艺术家的职责是创作,而非谈论"是多么深得我心。后来,隔了许多年,我又异常感动地从不幸早逝的天才作家阿尔伯特·加缪杰出的作品中,看到了相同的见解。

因此,在我看来,比较适当的一个做法是:在这篇简短的陈述中,让我用泛论的方式来谈一般的小说家和小说,而避免谈论我自己。千万年来,在地球上的每一个角落里,人类一直用种种不同的语言,互相说着故事。而人们所说的一切故事,都是和"人的处境"有关——从我们远祖在茅舍中、炉火边所说的古老故事,到此时此刻世界各地出版社正准备印制的现代小说,无一不是与"人的处境"有关。而人类所一直乐于互相讲述的,也正是这一种故事。故事的风格与讲述的方式固然会随着时代及环境的不同而改变,可是,人对于讲故事及转述故事的兴趣,却是永远不变的。于是,故事就源源出现了,而且从来不会枯竭。人们也因而几乎相信:人类自开始有意识以来,便一代接着一代,不断地在对自己讲同一个故事,尽管在外表上,这个故事随着各个讲述者个性的不同而呈现出无穷的变化。人们甚至相信:人类一直不断地讲这个故事给自己听的目的,就和《天方夜谭》中那位富有传奇色彩的、能言善道的王后山鲁佐德一样,是想要拖延刽子手行刑的时间,是想要阻止那无时无刻都在威胁着我们的命运,是想要延续生命与时间的幻觉。

如果不是这样的话,那么,小说家的任务究竟是什么呢?是靠着他的作品去帮助人们认识自己的错误、了解自己?是代表所有无法表达自己,或者因为被生活压垮而无力表达自己的人们发言?要不然,小说家是像那些在走暗路时唱歌为自己壮胆的小孩儿一样,只是自己说故事给自己听?再不然,小说家所以会讲这些故事,只是为了要向我们指出经常出现在我们生命里的种种艰难险阻。并将我们从混沌无知中唤醒,使我们对生命有更深一层的认识?如果是这样的话,则一位优秀小说家的作品,除了会映照出我们的行为之外,还会指出我们所忽略掉的、我们所应当要做的,乃至我们不该做而做了的一切。因此,我们或许要怀疑:人类是否根本无法从这些故事里——不管是口述的故事,或是写在纸上的故事找到他真正的历史。我们甚至要怀疑,从这些故事中,我们会不会完全无法掌握人类历史的真正意义。在这种情况下,故事究竟是以现在或是以过去为背景，已经是无关紧要的了。

然而，有些人会坚持，一个以过去为素材的故事，不仅忽视现代，甚至可以说多少有点回避它。依我看来，历史故事与历史小说的作者绝不会同意这种毫无根据的论断。他宁可承认，连他自己都不很清楚他究竟是在什么时刻，是用什么方法，从所谓的现在进入了我们所谓的过去。他甚至宁可承认，他就像在梦里一样，很轻易地便跨进了世纪的门槛。不过，我们只要不断深入地探索下去，必然会发现，过去与现在其实都是以相同的现象、相同的问题呈现在我们的面前。不管是在过去或是在现代，当一个人在不知情的、非主动的情况下被生了下来，被抛入了存在的汪洋之中，他都要被迫游泳、被迫存在、被迫拥有一个身份、被迫抵御外来的压力与震撼、被迫抗拒各种他不曾预料到，或根本无法预料到的行为——不管是别人的行为，或是他自己的。虽然说光是这一切便已超过了他的能力范围，可是他却还有一项更重大的任务，那就是他必须忍受自己对这一切的看法。一言以蔽之，他必须扮演"人"的角色。

因此，作家发现，即使在现在与过去之间那条遐想的分界线的另一端，自己也仍是在和"人的处境"互相对峙着。他必须尽可能详细地观察它、了解它。他必须向它认同、必须把它容纳到他的生命里头。因此，在准备讲述一个故事给读者听的时候，他必须以一种尽可能美、尽可能单纯、尽可能具有说服力的方式，使这一处境变成他那个故事的脉络纹理。

一位作家怎么做才能达到这个目标呢?他必须按照什么途径、依靠什么手段呢?对某些人来说,是靠着丰富的想象力。而对另一些人来说,则是靠着长期研究历史及社会演化,以掌握其教训。后面这种人试图要透彻了解历史的实体与意义。前面那种人则抱着玩世、游戏的态度:历史在他眼中,就像一位多产的法国小说家所说的,"只不过是用来撑展我作品的架子罢了"。换句话说,一位小说家可以用千百种不同的方式来从事写作。因为,唯一真正重要、真正具有决定性的,乃是作品本身。

若想使读者一目了然,一位历史小说的作者可以用这句俗语来作为对他作品的解说:"我思索往昔的时光,心中却牢记永恒的岁月。"不过,不管作者有没有用这句话来解说,作品本身的存在就已明确地表达了这个想法。

然而,说到底,上述的这一切其实只不过是一些关于技巧、品位及方法的问题。也就是说,它们不过是和作品有关,或稍微有关的一种知识性的消遣罢了。一个作者究竟是在表现过去,还是在描绘现在,或甚至是勇敢地跃入未来,那都是无关紧要的。重要的是他作品中所蕴涵的精神,以及他的作品传递给人类的讯息。在这些方面,显然没有法则和规定可循。每一位作者都以他个人内在的需求,以他个人的兴趣(不管是先天的,或是后天的)为标准。每一位作家都有他自己特定的构思及表现方式。每一位作者都必须为他自己的故事担负起道德责任,同时每一位作者都应享有充分的创作自由。不过,在结束这篇陈述之时,我希望今天的作家们讲给同时代人听的故事——不管它们的风格、内容如何——都不应为恨所腐蚀,都不应被杀人机器的噪音所吞没。它应该是从爱中滋生出来的。它应该是从一种自由而沉静的人类理性中孕育出来的。因为小说家写小说的唯一目的,乃是为了人和人性。这是最重要的。而这也正是我在今天这样一个隆重的盛会中发表这些感想时,最希望强调的一点。

最后,请诸位允许我在此像我开始时一样,再度向诸位表达最诚挚的谢意。

获奖时代背景

伊沃·安德里奇，1892年10月9日生于特拉夫尼克城附近的多拉茨村，1975年3月卒于贝尔格莱德。幼年丧父。在萨拉热窝读中学时，为塞尔维亚进步学生组织的第一任主席。第一次世界大战爆发后被捕入狱，流放到泽尼查附近的奥乌恰莱沃。1918年获释，后任《文学的南方》等刊物编辑，发表了大量的爱国主义抒情诗、散文和文学评论。1920年—1941年两次在外交部任职，当过驻罗马、布加勒斯特、的里雅斯特、格拉茨、柏林等的领事或大使。但他的真正兴趣仍在文学事业上，一生中半数以上的作品，都在这一时期创作。

第二次世界大战期间，他与帝国政府和法西斯当局断绝了一切联系，专心从事3部长篇小说《德里纳河上的桥》、《特拉夫尼克纪事》和《小姐》的创作，均于1945年出版。他曾长期担任南斯拉夫文学家联合会主席。1954年出版长篇小说《罪恶的牢院》，被认为是代表他艺术成就的杰作。

在他的代表作"波斯尼亚三部曲"之一的《德里纳河上的桥》中，一座由奥斯曼帝国统治者修建的沾满了波斯尼亚人血泪的大桥与三个小人物的命运联系在了一起。反抗奥斯曼帝国统治者修桥而被施以桩刑的乡民拉迪斯拉夫；在奥匈帝国统治的夹缝中虽然精明强悍、深谋远虑却难逃破产命运的犹太女商人罗蒂卡；在革命星火已成燎原之势时同代表伊斯兰古老文化的大桥同归于尽受人尊敬的阿里霍扎。他通过意识流的描写手法在为我们还原这段历史的同时，也使得我们不禁为故事中主人公及他们看似不同却又有些相似的命运嗟叹不已。

《萨拉热窝女人》完成时间略晚于《德里纳河上的桥》。在这部外界知之甚少的小说中，作者通过描写拉伊卡·拉达科维奇所遭受的不公平待遇，来表现作者对本民族所遭受苦难和不公正待遇的同情及希望改变这一现状的强烈愿望。

"三部曲"中的《特拉夫尼克纪事》则是借由拿破仑帝国在特拉夫尼克设立领事馆时期与欧洲三大强国间的利益纠葛，在小说中虽然描述的是苏丹统治的瓦解和法国大革命的发展的兴衰成败，但却是作者从另一个侧面对本民族历史演变过程的解读和反思。

1961年作品《德里纳河上的桥》获诺贝尔文学奖。获奖理由："由于他作品中史诗般的力量——他借着它在祖国的历史中追寻主题，并描绘人的命运。"

1975年3月13日，伊沃·安德里奇在贝尔格莱德与世长辞，他为我们留下了除"波斯尼亚三部曲"外，包括散文集《黑海之滨》、《动乱》、中篇小说《大臣的象》、《罪恶的庭院》等在内的10余部小说和散文集。

安德里奇年表

1892年10月9日,伊沃·安德里奇出生于波斯尼亚特拉夫尼克附近的多拉茨村。

1894年,安德里奇的父亲安东·安德里奇因病去世,随后安德里奇与母亲来到小镇维舍格勒,投奔安德里奇的姑妈安娜。

1903年,在维舍格勒小学毕业,获得"进步协会"助学金,进入萨拉热窝第一中学读书。

1911年,在《波斯尼亚女神》第18期上发表了第一首散文诗《在黄昏的时候》。

1912年6月,在萨拉热窝第一中学毕业。

1912年10月14日,进入萨格勒布弗拉尼耶·姚希普一世国立大学哲学系读书。

1913年10月,转到奥地利维也纳大学哲学系,主攻斯拉夫学和历史学。

1914年3月17日,著名诗人玛道斯逝世。克罗地亚文学家协会出版的《克罗地亚青年抒情诗选》选载了安德里奇六首诗。大学第四学期时转到波兰克拉科夫雅盖沃大学读书,仍主攻斯拉夫学。7月29日,宪兵队将他逮捕。后被押送到斯洛文尼亚北部城市马里波尔，关进监狱。

1915年春天，被流放到离特拉夫尼克不远的奥乌恰莱沃村。

1917年3月，奥匈帝国当局决定派体弱多病的安德里奇去充军。因病未去。年底去了萨格勒布，进了慈善护士医院治病。治病期间，结识了大他35岁的诗人、作家伊沃·沃依诺维奇，两人成了忘年交。年底，进入萨格勒布大学学习。

1918年，在萨格勒布大学，与布兰科·玛希奇、尼科·尼尔杜洛维奇、乌拉迪米尔·焦洛维奇三位青年作家结为朋友，共同创办了《文学的南方》，这年1月出版了创刊号。安德里奇是该刊首席编辑。除完成编辑工作外，他还发表了不少文章，其中《我们的文学和战争》影响最大。12月，出版了第一本书《黑海零简》。

1919年9月，安德里奇到贝尔格莱德，在国家宗教部任三等秘书。在《文学的南方》上发表了《不安》的片断。在布拉格，用捷克文翻译出版了《黑海零简》。

1920年2月14日，安德里奇被任命南斯拉夫王国驻纽约总领事馆三级副领事。但两天后，即2月16日，又改变方案，派遣他到王国驻梵蒂冈大使馆工作。3月初，安德里奇抵达罗马。不久在《塞尔维亚文学报知者》杂志上发表了第一篇小说《罗马的一天》。出版家茨维扬诺维奇在贝尔格莱德为安德里奇出版了中篇小说《阿里雅·杰尔泽莱兹的道路》。萨格勒布出版了安德里奇的第二本书《不安》。在贝尔格莱德，茨维扬诺维奇为安德里奇出版了第二版《黑海零简》。

自1921年10月到1922年11月中旬，安德里奇在南斯拉夫王国驻布加勒斯特总领事馆供职。

1922年11月14日，安德里奇从布加勒斯特总领事馆调到意大利的里亚斯特领事馆，在这里只工作了两个月。

1923年1月12日，安德里奇又被调到奥地利格拉茨领事馆任副领事。在这里，一边工作，一边继续在当地的大学哲学系学习。

1924年6月中旬，安德里奇顺利通过考试，获得大学毕业文凭。6月24日，外交部根据他的博士论文达到的水平，任命他为王国驻格拉茨领事馆二级副领事。9月15日，安德里奇奉命回国，准备接受外交部新的任命。11月1日，安德里奇被分配到外交部档案室工作，后又转到政治部就职。塞尔维亚文学协会为安德里奇出版了第一本中、短篇小说集《中、短篇小说集》。选入集子中的小说有《在客厅里》、《在监狱里》、《乔尔坎和德国女人》、《为了军营》、《罗马的一天》、《马鸣啸啸的河岸》、《阿尔哈姆布里之夜》。

1925年第1期和第3期《塞尔维亚文学报知者》分别发表了安德里奇的中篇小说《情妇玛拉》和短篇小说《热帕河上的桥》。从这一年年底开始，安德里奇就为长篇小说《特拉夫尼克纪事》搜集资料。自1923年到1925年，安德里奇以"莱斯"为笔名，在《南斯拉夫田野》杂志上发表了引人注目的反法西斯系列文章：《贝尼托·墨索里尼》、《法西斯主义的危机——意大利的危机》等。12月15日,安德里奇的母亲卡塔丽娜在萨拉热窝病逝。

1926年2月18日,安德里奇被一致推选为塞尔维亚科学院通讯院士。10月19日,波兰共和国总统授予安德里奇复兴的波兰军官勋章。10月24日,安德里奇被任命为王国驻马赛总领事馆副领事。

1927年年初,安德里奇最后一个亲人姑母安娜在维舍格勒病逝。在《塞尔维亚文化教育协会年鉴》杂志上发表中篇小说《阿妮卡的命运》的片断。12月,安德里奇被临时派到王国驻巴黎总领事馆工作。

1928年4月10日,安德里奇被调到王国驻马德里大使馆任副领事。开始构思短小精悍的长篇小说《罪恶的庭院》。

1929年6月4日,安德里奇被任命为王国驻比利时布鲁塞尔大使馆秘书。

1930年元旦,安德里奇获得了日内瓦人民协会南斯拉夫王国常驻代表团秘书的任命。对安德里奇有知遇之恩的小学时代的老师刘鲍米尔·彼得洛维奇病逝,安德里奇在《观察》杂志上著文《刘鲍米尔老师》,以示纪念。

1931年,塞尔维亚文学协会为安德里奇出版了第二本新的小说集《中、短篇小说集》,书中收集的小说有《情妇玛拉》、《自白》、《奥洛沃的怪事》、《热帕河上的桥》、《阿妮卡的时光》。

1933年3月12日,安德里奇奉命调回国内,继续在外交部工作。3月22日，法兰西共和国总统授予安德里奇荣誉军团军官勋章。5月25日—28日，安德里奇应邀出席了在杜布洛夫尼克召开的写作俱乐部代表大会。

1934年1月16日，《塞尔维亚文学报知者》成立了一个管理该杂志的文学委员会，安德里奇是这个文学委员会的主要成员。1月18日，萨拉热窝人民剧院将安德里奇的小说《阿妮卡的时光》改编成话剧《阿妮卡的警报》，正式公演。安德里奇在外交部工作很出色，年底晋升为参赞。

1935年，安德里奇被委任执行外交部政治部主任的职责。出版了一本专门的小册子《涅果什——科索沃思想的悲剧性英雄》。

1936年，塞尔维亚文学协会为安德里奇出版了小说选集《中、短篇小说Ⅱ》，选入的小说有《婚礼》、《在西纳诺瓦修道院之死》、《灾难》、《暴风雨》、《渴》、《米拉与普莱拉茨》。年初，安德里奇当选为管理委员会文学部新委员。从这时候开始一直到1972年，在长达36年的时间里，安德里奇一直荣任这一职务。本年，南斯拉夫红十字协会授予他红十字勋章。

1937年11月15日，安德里奇被任命为外交部长斯朵亚迪诺维奇的助理。12月16日，法兰西共和国总统授予安德里奇荣誉军团高级军官勋章。在波兰，翻译出版了《安德里奇中、短篇小说选》。

1939年2月16日，安德里奇成为塞尔维亚皇家科学院正式院士。4月1日,身为外交部长助理的安德里奇,被任命为王国驻柏林特命公使。4月12日,抵达柏林。德国文化部为安德里奇翻译出版了德文版的《中、短篇小说集》。索非亚出版了保加利亚文版的《安德里奇中、短篇小说集》。

1941年,安德里奇结束了21年的外交生涯。

1942年4月,完成《特拉夫尼克纪事》。

1943年—1944年,安德里奇利用两年时间,写完《德里纳河上的桥》和《萨拉热窝女人》两部长篇小说。

1945年3月,《德里纳河上的桥》由"启蒙"出版社出版。8月,《特拉夫尼克纪事》由南斯拉夫国家出版机关出版。11月,《萨拉热窝女人》由萨拉热窝"光明"出版社出版。9月底,随南斯拉夫作家代表团赴索非亚,出席保加利亚作家代表大会。被选为波斯尼亚——黑塞哥维那人民议会代表和南斯拉夫联合议会代表。被选为波斯尼亚——黑塞哥维那与苏联文化合作协会主席。

1946年1月24日,被宣布为塞尔维亚科学院正式院士。被选为南斯拉夫与苏联文化合作协会副主席。在第一次南斯拉夫文学家代表大会上,安德里奇被选为南斯拉夫文学家联合会主席。萨拉热窝"光明"出版社再版《德里纳河上的桥》。作为南斯拉夫文学家联合会主席,安德里奇访问了苏联。南斯拉夫国家文化和艺术委员会为《德里纳河上的桥》取得的巨大成功,奖给安德里奇10万第纳尔。安德里奇将奖金全部献给了国家。萨拉热窝"光明"出版社第三次出版《德里纳河上的桥》。在布达佩斯,用匈牙利文翻译出版了《德里纳河上的桥》。

在布拉格,用捷克文翻译出版了《萨拉热窝女人》。

1948年8月25日—28日,出席了在波兰弗劳兹拉夫召开的世界知识分子代表大会。贝尔格莱德"文化"出版社将安德里奇于1944—1948年间发表的小说结集出版了一本《新中、短篇小说集》。

1949年,安德里奇将购买的人民公债(累计已达8万第纳尔)一次性捐给了塞尔维亚作家协会。在南斯拉夫文学家第二次代表大会上,安德里奇再次当选为南斯拉夫文学家联合会主席。《新中、短篇小说集》获南斯拉夫联邦人民共和国奖。萨拉热窝"光明"出版社第五次出版《德里纳河上的桥》。

1950年4月,安德里奇被选为南斯拉夫联邦人民共和国人民议会人民委员会委员。5月,安德里奇向波斯尼亚——黑塞哥维那作家协会捐献5万第纳尔。夏天,安德里奇向维舍格勒市工会领导的文化艺术协会捐献2万第纳尔,用于发展故乡的文化艺术事业。安德里奇第二次荣任国家发行公债委员会委员,自己一次购买8万第纳尔债券。

1951年6月29日,安德里奇被选为南斯拉夫科学与艺术院通讯院士。马其顿著名学者、诗人布·科奈斯基将安德里奇《新中、短篇小说集》译成马其顿文,在斯科普里出版。在卢布尔雅那,用斯洛文尼亚文翻译出版了安德里奇的《总督的象》及其他小说。

1952年10月4日，南斯拉夫联邦人民共和国人民议会主席团授予安德里奇一级人民勋章。

11月23日，在南斯拉夫影响很大的《战斗报》自11月23日开始到12月21日为止，连载安德里奇的中篇小说《泽科》。

1953年5月15日—27日，安德里奇随南斯拉夫议会代表团访问了土耳其。6月2日，被选为斯洛文尼亚科学与艺术院通讯院士。《德里纳河上的桥》在苏黎世被译成德文出版。

1954年，安德里奇最短最新颖的长篇小说《罪恶的庭院》，在诺维萨德市由塞尔维亚文化教育协会出版。为纪念安德里奇60岁诞辰，塞尔维亚文学协会在贝尔格莱德为安德里奇出版了一本《安德里奇中、短篇小说选》。在科索沃自治省首府普里斯蒂那，两位阿尔尼亚族翻译家翻译了安德里奇的一批中、短篇小说，以《安德里奇小说选》为书名出版(阿尔巴尼亚文版)。12月13日，安德里奇的中篇小说《阿妮卡的时光》被改编成故事片。

1955年，长篇小说《罪恶的庭院》荣获南斯拉夫文学家联合会奖。

1956年4月23日，法兰西·南斯拉夫协会为安德里奇赴法访问举行招待会。9—10月，安德里奇与斯洛文尼亚作家费利甫·库姆巴道维奇一起来中国访问近1个月的时间。参加了我国纪念鲁迅先生逝世20周年的活动，参观访问了北京、上海、杭州、绍兴和广州等地。在巴黎，《德里纳河上的桥》译成法文出版。11月6日，第一届南斯拉夫图书博览会在萨格勒布举办之际,召开了隆重的纪念安德里奇学术讨论会。这一年,莫斯科和华沙还分别将《德里纳河上的桥》译成了俄文和波兰文,在苏联和波兰广为发行。在索非亚,《罪恶的庭院》译成了保加利亚文;在布达佩斯,《特拉夫尼克纪事》被译成匈牙利文出版。

为了增加维舍格勒中学图书馆的图书,购买必需的教学设备,安德里奇捐给学校20万第纳尔。

1957年,《战斗报》五一专号发表了安德里奇的访华散记《相会在中国》。彼得·扎吉奇研究安德里奇的学术专著《伊沃·安德里奇》出版。

1958年9月27日,安德里奇与著名戏装设计师米丽查·巴比奇·伊万诺维奇,在贝尔格莱德市中心"古城协会"举行婚礼,伦敦用英文翻译出版了《特拉夫尼克纪事》,莱比锡用德文翻译出版了《萨拉热窝女人》,乌尔萨茨用罗马尼亚文翻译出版了《安德里奇小说选》。11月28日,被选为南斯拉夫文学家联合会领导委员会成员。

1959年,柏林、台拉维夫、乌普萨拉、安特卫普翻译出版了《德里纳河上的桥》。柏林翻译出版了《特拉夫尼克纪事》。布达佩斯、乌普萨拉、华沙和安特卫普翻译出版了《罪恶的庭院》。

2月23日,安德里奇赴伦敦,出席了《德里纳河上的桥》英文译本首发式,并会见了南斯拉夫著名作家米·茨尔尼昂斯基。

1960年，萨格勒布出版了新的安德里奇小说选《面孔》。纽约、赫尔辛基、奥斯陆、斯德哥尔摩、法兰克福、慕尼黑、米兰翻译出版了《德里纳河上的桥》。华沙翻译出版了《特拉夫尼克纪事》。

1961年，荣获年度诺贝尔文学奖。

1962年，安德里奇将获得的诺贝尔文学奖的一半奖金(折合4000万旧第纳尔)捐赠给波斯尼亚图书馆。3月7日，安德里奇与米洛拉德·巴尼奇·苏莱普应邀抵达希腊访问。3月9日，应阿拉伯国家联盟文化部的邀请，安德里奇自雅典抵达开罗，访问参观了开罗、赛得港、亚历山大市和鲁科索尔市。10月，安德里奇被萨拉热窝大学授予荣誉博士学位。12月2日，南斯拉夫话剧院根据《罪恶的庭院》改编的同名话剧首次与观众见面。伊斯坦布尔、布加勒斯特、雅典、德黑兰、里斯本翻译出版了《德里纳河上的桥》。柏林、巴黎、米兰、布达佩斯、奥斯陆、斯德哥尔摩、乌德勒支、布宜诺斯艾利斯、赫尔辛基翻译出版了《特拉夫尼克纪事》。莫斯科、慕尼黑、里斯本、米兰、华沙、布达佩斯和巴塞罗那翻译出版了《萨拉热窝女人》。纽约、柏林、波尔多、斯德哥尔摩、法兰克福、布加勒斯特、雁其、德黑兰、里斯本翻译出版了《安德里奇小说选》。为纪念安德里奇诞辰70周年，贝尔格莱德"新文学"出版社出版了安德里奇新作中、短篇小说集《刻在石头上的女人》。

10月10日上午，南斯拉夫总统约瑟普·布罗兹·铁托元帅，接见了巴尔干第一个诺贝尔文学奖获得者伊沃·安德里奇及其夫人米丽查，并授予安德里奇镶有金冠的共和国勋章。

1963年7月，安德里奇偕夫人米丽查抵达斯德哥尔摩，会晤了杰出的文学家哈里·马丁逊。贝尔格莱德"启蒙"出版社、萨格勒布"青春"出版社、萨拉热窝"光明"出版社、卢布尔雅那"斯洛文尼亚国家展览"出版社联合出版了共包括10卷的《伊沃·安德里奇作品集》。纽约、伦敦、伊斯坦布尔、索非亚和法兰克福翻译出版了《特拉夫尼克纪事》。布达佩斯、巴塞罗那、莱比锡、布拉提斯拉伐和汉堡翻译出版了《安德里奇小说选》。柏林、布达佩斯、哥本哈根和布拉提斯拉伐翻译出版了《萨拉热窝女人》。

1964年3月初，安德里奇偕夫人访问了意大利。4月9日—13日，偕夫人赴波兰，参加了克拉科夫雅盖沃大学建校600周年庆祝活动。布拉格、大马士革和慕尼黑翻译出版了《特拉夫尼克纪事》。索非亚翻译出版了《德里纳河上的桥》和《伊沃·安德里奇中、短篇小说选》。

1965年4月14日，安德里奇把获得的诺贝尔文学奖金的另外一半也捐赠给了波斯尼亚，用于发展图书事业。7月初，安德里奇应邀出席了在布莱德召开的国际作家笔会，会见了智利著名诗人巴·聂鲁达、美国剧作家阿·密勒、苏联小说家列·列昂诺夫、匈牙利诗人和剧作家久·伊叶什。10月2日，安德里奇向塞尔维亚红十字会捐赠15万第纳尔，救助伏依伏丁那自治省遭受水灾的灾民。伊斯坦布尔、布尔萨、斯图特加特、莱比锡和纽约翻译出版了《伊沃·安德里奇中、短篇小说选》。伦敦翻译出版了《萨拉热窝女人》。柏林、布加勒斯特和米兰翻译出版了《德里纳河上的桥》。

1966年,慕尼黑、东京翻译出版了《德里纳河上的桥》。布拉提斯拉伐翻译出版《特拉夫尼克纪事Ⅱ》。伦敦再版《萨拉热窝女人》。巴塞罗那翻译出版《萨拉热窝女人》。斯德哥尔摩、华沙、布加勒斯特、米兰和哥本哈根翻译出版了《伊沃·安德里奇中、短篇小说选》。

1967年,安德里奇荣获"南斯拉夫反法西斯人民解放委员会奖"。莫斯科翻译出版了《伊沃·安德里奇中、短篇小说选》。

1968年3月24日12时,安德里奇的爱妻米丽查因心脏病突发猝然去世。米兰、柏林和纽约翻译出版了《伊沃·安德里奇中、短篇小说选》。

1969年4月11日,诺维萨德塞尔维亚文化教育协会举行特别会议,选举安德里奇为该协会终生合作者。10月22日,特拉夫尼克市议会授予安德里奇该市解放25周年纪念证书。萨格勒布电视台根据安德里奇的小说《渴》改编的同名电视剧开播。荷兰、伦敦、里约热内卢和布达佩斯翻译出版了《伊沃·安德里奇中、短篇小说选》。柏林翻译出版了《萨拉热窝女人》。日本和布鲁塞尔翻译出版了《德里纳河上的桥》。

1970年6月2日,波斯尼亚——黑塞哥维那科学与艺术院授予安德里奇荣誉院士证书。荣获波斯尼亚——黑塞哥维那7

月27日奖。奖金全部献给了该共和国,用于发展图书事业。在纪念萨拉热窝第一中学建校90周年的活动中,安德里奇荣获母校纪念证书。安德里奇为贝尔格莱德第15届国际图书博览会开幕式剪彩。巴塞罗那翻译出版了《德里纳河上的桥》。布拉提斯拉伐、米兰翻译出版了《安德里奇中、短篇小说选》。

1971年塞尔维亚文化、教育共同体议会决定授予安德里奇"武克·卡拉吉奇专门奖"。10月28日—30日,安德里奇出席了在克拉古耶瓦茨召开的塞尔维亚社会主义共和国文化活动代表大会。为纪念德里纳河大桥建成400周年,萨拉热窝"解放"出版社出版了题为《热帕河上的桥》的中、短篇小说选。总共有塞语、英语、德语、意大利语四种文本。德黑兰翻译出版了《德里纳河上的桥》。里约热内卢翻译出版了《伊沃·安德里奇中、短篇小说选》。

1972年,在塞尔维亚文学协会成立80周年之际,作为该协会的同龄人和多年的合作者,5月24日,安德里奇被选为该协会终生名誉会长。10月3日,安德里奇被任命为贝尔格莱德大学名誉博士。10月8日,为恭贺安德里奇80岁生日,贝尔格莱德市议会召开纪念大会,会上安德里奇荣获贝尔格莱德金质纪念章。10月10日,为恭贺安德里奇80岁生日,几个单位在贝尔格莱德科拉尔奇人民大学隆重召开纪念大会。会上,共和国副总统拉多·杜戈尼代表国家授予安德里奇社会主义劳动英雄勋章。

10月12日,波斯尼亚—黑塞哥维那科学与艺术院隆重召开大会,庆贺安德里奇80岁生日,并授予他该院荣誉院士证书。

1973年,安德里奇献给波斯尼亚——黑塞哥维那文学馆自己三部作品的手稿和一支使用多年的钢笔。后来还捐赠了100多种外文版的自己的作品。

1974年春天,安德里奇的岳母卓尔卡老人因病去世。6月13日—15日,83岁高龄的安德里奇,再次抵达茂斯塔尔市,同当地的第一文学社签订了出版《波齐代里岩石纪事》一书的协议,准备以此书作为对波斯尼亚——黑塞哥维那秋季文化会议的献礼。在波斯尼亚·黑塞哥维那秋季文化会议开幕之前,《波齐代里岩石纪事》一书正式出版。

深秋,安德里奇参观了在贝尔格莱德举办的中华人民共和国出土文物展览。在纪念《塞尔维亚文化教育协会年鉴》杂志创刊150周年(1824—1974)专号上,安德里奇发表了短篇小说《盲人》。

12月17日,安德里奇住进贝尔格莱德内科医院,第二天转到军事医学院内科医院急诊室。最后确诊为:大脑血液循环紊乱造成血管堵塞,其原因是脑动脉血栓所致。

1975年3月13日1时15分,安德里奇逝世。3月14日,安德里奇治丧委员会宣告成立。从早晨到中午,在贝尔格莱德市议会大厅,举行了向安德里奇遗体告别仪式,成千上万的人参加了告别活动。

获奖当年世界大事记

1961年1月3日，美国和古巴断交。

1961年1月20日，约翰肯尼迪上任美国总统。

1961年2月14日，第一个合成制造的化学元素：铹。

1961年3月15日，南非退出英联邦。

1961年4月12日，尤里加加林成为世界上第一个太空人。

1961年4月18日，《维也纳外交关系公约》被签署。

1961年4月25日，罗勃特诺伊斯获得集成电路的专利。

1961年4月27日，塞拉利昂独立。

1961年5月14日，美国100名特种作战部队进入南越。

1961年5月19日，金星1号飞船飞过金星。这是人类第一个飞过一个行星的飞船。

1961年5月25日，约翰肯尼迪总统宣布要完成阿波罗工程。

1961年5月31日，南非退出"英联邦"，成立南非共和国。

1961年6月3日，肯尼迪与赫鲁晓夫在维也纳聚会。

1961年8月8日，日本"松川事件"的全体被告在重审时被宣告无罪。

1961年8月13日，柏林墙开建。

1961年8月15日，中国第一条电气化铁路，宝成铁路宝鸡至凤州段正式通车运营。

1961年9月1日，贝尔格莱德举行了第一次不结盟首脑会议，正式宣告了不结盟运动的诞生。

图书在版编目（CIP）数据

安德里奇传 / 天海蓝 著. —长春：时代文艺出版社，2012.1（2023.7重印）

（诺贝尔奖获奖者传记丛书）

ISBN 978-7-5387-3380-3

I.①安... Ⅱ.①天... Ⅲ.①安德里奇；A.(1892~1975) – 传记 Ⅳ.①K835.435.6

中国版本图书馆CIP数据核字（2011）第256576号

出 品 人　陈　琛
责任编辑　孟宇婷
装帧设计　孙　俪
排版制作　隋淑凤

本书著作权、版式和装帧设计受国际版权公约和中华人民共和国著作权法保护
本书所有文字、图片和示意图等专用使用权为时代文艺出版社所有
未事先获得时代文艺出版社许可
本书的任何部分不得以图表、电子、影印、缩拍、录音和其他任何手段
进行复制和转载，违者必究

安德里奇传

天海蓝 著

出版发行 / 时代文艺出版社
地址 / 长春市福祉大路5788号　龙腾国际大厦A座15层　邮编 / 130118
总编办 / 0431-81629751　发行部 / 0431-81629755
官方微博 / weibo.com / tlapress　天猫旗舰店 / sdwycbsgf.tmall.com
印刷 / 三河市嵩川印刷有限公司
开本 / 850×1168毫米　1 / 32　字数 / 130千字　印张 / 6.5
版次 / 2012年4月第1版　印次 / 2023年7月第3次印刷　定价 / 36.00元

图书如有印装错误　请寄回印厂调换